Retrato de Dora

pequena biblioteca invulgar

Blucher

Hélène Cixous

Retrato de Dora

Tradução
Izabella Borges

Prefácio
Flavia Trocoli

Retrato de Dora, Hélène Cixous
Título original: *Portrait de Dora*
Série pequena biblioteca invulgar, coordenada por Paulo Sérgio de Souza Jr.

Publisher Edgard Blücher
Editor Eduardo Blücher
Coordenador editorial Rafael Fulanetti
Coordenação de produção Andressa Lira
Produção editorial Luana Negraes e Thaís Costa
Tradução Izabella Borges
Preparação de texto Antonio Castro
Diagramação Thaís Pereira
Revisão de texto Juliana Leuenroth
Capa e projeto gráfico Leandro Cunha

Blucher

Rua Pedroso Alvarenga, 1245, 4° andar
04531-934 – São Paulo – SP – Brasil
Tel.: 55 11 3078-5366
contato@blucher.com.br
www.blucher.com.br

Segundo o Novo Acordo Ortográfico, conforme 6. ed. do *Vocabulário Ortográfico da Língua Portuguesa*, Academia Brasileira de Letras, julho de 2021.

DADOS INTERNACIONAIS DE CATALOGAÇÃO NA PUBLICAÇÃO (CIP)
ANGÉLICA ILACQUA CRB-8/7057

Cixous, Hélène,
Retrato de Dora / Hélène Cixous ; tradução de Izabella Borges. – São Paulo : Blucher, 2024.
152 p. (Série pequena biblioteca invulgar / coord. de Paulo Sérgio de Souza Jr.)

ISBN 978-85-212-1998-9
Título original: Portrait de Dora

1. Psicanálise 2. Teatro francês I. Título. II. Borges, Izabella. III. Souza Jr., Paulo Sérgio de. IV. Série.

24-1296 CDD 150.195

Índice para catálogo sistemático:
1. Psicanálise

Apresentação da série pequena biblioteca invulgar

São muitos os escritos e autores excepcionais que, apesar de mencionados em obras amplamente divulgadas no Brasil, ainda não se encontram acessíveis aos leitores. Surgindo muitas vezes como referências em textos consagrados, é comum conhecermos pouco mais que seus nomes, títulos e esboços de ideias. A partir da psicanálise como eixo organizador, a **pequena biblioteca invulgar** coloca em circulação, para psicanalistas e estudiosos das humanidades em geral, autores e escritos como esses. A série abrange desde títulos pioneiros até trabalhos mais recentes que, por vezes ainda excêntricos ao nosso panorama editorial, ecoam em diversas áreas do saber e colocam em cena as relações do legado freudiano com outros campos que lhe são afeitos. Também abriga novas traduções de textos emblemáticos da teoria psicanalítica para o português brasileiro a fim de contribuir, ao seu modo, com a rede de referências fundamentais às reflexões que partem da psicanálise ou que, advindas de outras disciplinas, nela também encontram as suas reverberações.

Conteúdo

Prefácio

Dora, como um fragmento ainda arde entre a psicanálise e a literatura

FLAVIA TROCOLI (1975-) formou-se pela Universidade Estadual de Campinas e é professora de Teoria Literária da Faculdade de Letras da Universidade Federal do Rio de Janeiro. Autora de ensaios em torno de Clarice Lispector, Virginia Woolf, Marguerite Duras, Marcel Proust, Hélène Cixous, Jacques Derrida e das relações entre literatura e psicanálise. Traduziu Marjorie Perloff, Shoshana Felman, Jacques Derrida e Hélène Cixous. É bolsista do Conselho Nacional de Desenvolvimento Científico e Tecnológico e, de 2019 a 2023, recebeu Bolsa Cientista do Nosso Estado da Fundação de Amparo à Pesquisa do Estado do Rio de Janeiro.

Dora, como um fragmento ainda arde entre a psicanálise e a literatura

Flavia Trocoli

"É preciso saber não saber"

— Jocasta em *Le Nom d'Œdipe*,
libreto baseado em *Chant du corps interdit*,
Hélène Cixous, 1978[1]

"Com efeito a história era incrível, mas se impôs a todos, porque substancialmente era verdade. Verdadeiro era o tom de Emma Zunz, verdadeiro o pudor, verdadeiro o ódio. Verdadeiro também era o ultraje que sofrera; só eram falsas as circunstâncias, a hora e um ou dois nomes próprios"

— Jorge Luis Borges,
"Emma Zunz", tradução de Davi Arrigucci Jr.

1 Salvo a tradução de *Portrait de Dora*, todas as traduções de Cixous e de seus leitores — Prenowitz, Hanrahan, Savona, Gallop — citadas neste Prefácio são minhas.

"o que Lacan quer que se leia [em Finnegans Wake*] é o encontro, colisão de palavras que produzem faísca — brilho que queima"*

— Cláudia Lemos,
"Joyce e Lacan: um gozo dito opaco"

Para saudar a chegada de *Retrato de Dora* em português do Brasil, o meu título porta a condensação de três nomes próprios: Sigmund Freud, Hélène Cixous e Jacques Lacan; e não para por aí, condensando pelo menos dois tempos: o nascimento da psicanálise com Freud, em Viena, e suas leituras em Paris, na ainda efervescente década de 1970. Nele, três obras instransponíveis para os leitores da psicanálise e da literatura se entreleem, a esta altura, já sem mestre e sem cronologia. O que sobrevive entre a dor e o ardor são as operações de leitura: predominantemente de invenção teórica, em Freud; predominantemente de invenção literária, em Cixous; predominantemente de reinvenção teórica e conceitual, em Lacan. Digo "predominantemente" pois os fios desse nó a três estão em movimento, há sobreposições sem exclusões, de maneira singular: Freud e Lacan também criam, e Cixous também teoriza.

O melhor é o efeito de provisoriedade e de desassossego que causa acomodar Freud e Lacan na prateleira da teoria psicanalítica, e Cixous na prateleira da literatura. O leitor mais próximo de Cixous, Jacques Derrida, nomeia seus textos literários como *objetos literários não identificáveis*;[2] uma de suas leitoras mais argutas, Mairéad Hanrahan, escreveu sobre ela um livro chamado *Cixous's semi-fictions: thinking*

2 Derrida, J. (2002). *H. C. pour la vie, c'est à dire...* Paris: Galilée.

at the borders of fiction [*Semificções de Cixous: pensando nas bordas da ficção*];[3] de minha parte, eu os sigo e tenho pensando sua teoria como *semiteoria*, isto é, situada nas bordas do ficcional, do autobiográfico, do psicanalítico, do filosófico, entre Shakespeare, Proust, Freud e Derrida. Tanto na *semificção* quanto na *semiteoria*, Cixous escreve em mais de uma língua: o alemão, o francês, o inglês, mas também a língua da mãe, do sonho, da literatura, da psicanálise e da desconstrução. Ler o entrecruzamento de *Fragmento de uma análise de histeria* (o "caso Dora"), *Retrato de Dora* e *O sinthoma* implica pensar: a passagem de uma escrita a outra, a passagem do significado ao gozo opaco e a passagem da destituição do intérprete para a invenção de um artifício em que se pode lançar a própria voz no vazio.[4] Vamos por partes; vou começar pelo fim, pelo só-depois da peça de Cixous e do caso de Freud, isto é, começo por *O sinthoma*.

É na lição intitulada "De uma falácia que testemunha do Real" que Lacan evoca a peça de Hélène Cixous.[5] Como

---

3 Hanrahan, M. (2014). *Cixous's semi-fictions: thinking at the borders of fiction*. Edinburgh: Edinbrurgh University Press.

4 Certamente parte da clareza desse "passar de uma escrita a outra" vem da escuta das sessões do Seminário *Entre*, coordenado por Cláudia Lemos e por Nina Leite, no âmbito das atividades do Centro de Pesquisas Outrarte. Também remeto o leitor aos ensaios de Cláudia Lemos em torno de Lacan e de Joyce. E talvez os leitores de *O riso da Medusa*, de Cixous (Bazar do Tempo, 2022), lembrem que o Posfácio assinado por mim se chama "A que passa é o seu nome, quer dizer Hélène Cixous", para justamente sublinhar o movimento incessante que impede a escrita feminina de ser identificada e fixada em qualquer predicado.

5 Lacan, J. ([1975-76]2005/2007). *O sinthoma* (S. Laia, trad.) (O seminário, livro 23). Rio de Janeiro: Zahar, pp. 101-114.

pensar essa menção? Certamente buscando construir alguma legibilidade para o que dela se extrai: a noção de "histeria rígida". Neste Prefácio, proporia que o que está em jogo no Seminário 23 diz respeito a um artifício que não se assente em significado algum e que, por meio do equívoco no limite do dito, coloca em cena um dizer que prescinde do interpretante. Em outra lição, Lacan elabora desta maneira: uma *arte de dizer que desliza rumo ao ardor*. O que queima, talvez, não sejam mais os filhos do senhor B., pai de Dora, nem a própria casa ameaçada em sonho, mas o saber falado e o significado. Freud escreveu assim o primeiro sonho de sua analisante, na tradução de Renato Zwick:

> Há um incêndio numa casa, meu pai está parado diante de minha cama e me acorda. Visto-me depressa. Mamãe ainda quer salvar sua caixinha de joias, mas papai diz: "Não quero que eu e meus dois filhos queimemos por causa da tua caixinha de joias". Descemos depressa e, tão logo estou fora, acordo.[6]

Se, em 1975, Lacan queimará um dito interpretável para pensar a fumaça insistente do dizer, podemos brincar com o fato de que o sintoma ganha o H. de Hélène, letra muda e cortante; e, no encalço da escrita de James Joyce, Lacan o eleva à dignidade de *sinthoma*, um outro modo de sustentação, de manter junto o disjunto. É fundamental considerar o que Lacan chama de seu ponto de rigor — "o que Freud sustenta

---

6 Freud, S. ([1901]1905/2019). *Fragmento de análise de histeria [O caso Dora]* (R. Zwick, trad.). Porto Alegre: L&PM, p. 112.

como o inconsciente supõe sempre um saber, e um saber falado. O inconsciente é inteiramente redutível a um saber. É o mínimo que supõe o fato de ele poder ser interpretado"[7] — para pensar a outra volta desse dito submetido ao dizer de Joyce, ao dizer da tragédia grega, o que Cixous talvez tenha escrito assim: é preciso saber não saber, é isso que a escrita faz. Gostaria ainda de lembrar que, dez anos antes de se ocupar de Joyce, Lacan já se ocupara de *Le ravissement de Lol V. Stein*, de Marguerite Duras, e de sua palavra-buraco que nem o narrador, nem a narrativa interpretam; ao contrário, essa palavra-buraco está posta em ato, nos efeitos de um dizer que determinam a posição de quem a lê e a reescreve ao recebê-la do inconsciente.

De 1964 a 1975, de Duras a Joyce, foram necessários anos e anos para traçar o irredutível encenado na escrita literária, entre sua redução ao saber do intérprete e a deposição do intérprete. O que não quer dizer que aquilo que está em Joyce não estava em Duras; sublinho é o tempo de leitura, o tempo de uma formalização pela letra que depende do tempo de erosão dos significados. Perguntaria aos analistas: o que queimou de 1964 a 1975 para que Lacan pensasse com Joyce-Cixous, isto é, a histeria rígida, aquilo que já estava em *Le ravisssement*?

Para pensar esse irredutível da palavra-buraco que poderá ser renomeada, em seu efeito de corrosão dos significados, de letra, é preciso interrogar o movimento de justaposição de leituras: Freud escreve o caso Dora; Cixous escreve uma peça

---

7 Lacan, J. ([1975-76]2005/2007). *O sinthoma* (S. Laia, trad.) (O seminário, livro 23). Rio de Janeiro: Zahar, p. 127.

a partir do caso Dora; e Lacan, com Joyce, escreve um novo conceito a partir de seu testemunho do jogo de cena da peça de Cixous. Freud interpreta entre o significante e o significado, entre a interpretação dos sonhos e a intuição da questão edipiana; Cixous erode o relato de caso, arranca Freud de sua posição privilegiada de narrador já fora e, ao pé da letra da cena da transferência freudiana, o coloca no palco lado a lado com seus personagens;[8] Lacan pergunta: "Em que a arte pode desfazer o que se impõe do sintoma? [A saber, a verdade]".[9] Pergunta essa, a meu ver, fundamental para ler a passagem de Freud a Cixous do que é predominantemente teórico para o que é predominantemente teatral.

Pode-se ler a relação entre a psicanálise e o teatro como uma cena primitiva. Para dizer o mínimo, Freud extraiu da tragédia de Sófocles um complexo.[10] Cixous extraiu da escrita do caso Dora — teorizado e romanceado — uma peça de teatro; e Lacan, de sua encenação, propõe uma nova modalidade de histeria, a rígida — a que pode prescindir do interpretante

---

8 Remeto o leitor ao belo ensaio de Cláudia Lemos, "O Moisés de Freud e o Joyce de Lacan: o pedestal e o escabelo". Cf. Milán-Ramos, J. G., Leite, N. & Aires, S. (org.) (2017). *A historicidade não é o que se espera: caso, ficção e poesia em psicanálise*. Campinas: Mercado de Letras, pp. 271-282.

9 Lacan, J. ([1975-76]2005/2007). *O sinthoma* (S. Laia, trad.) (O seminário, livro 23). Rio de Janeiro: Zahar, p. 23.

10 Remeto o leitor ao ensaio fundamental de Shoshana Felman, "Beyond Oedipus". Cf. Felman, S. (1987). *Jacques Lacan and the adventure of insight*. Cambridge: Harvard University Press.

e que, a partir de um artifício, pode "suprir a firmeza fálica".[11] Lembro ainda que não é a primeira vez que Lacan se detém em uma histeria adjetivada. Na década de 1950, em *As psicoses*, ele retoma "a questão histérica" e se remete a um caso pensado a partir do que tinha sido chamado de "histeria traumática".[12] O analista do caso interpreta a crise como causada por um acidente de trem na vida do paciente; Lacan localizará a descompensação não no acidente, mas nos exames radiológicos que despertam nesse homem uma fantasia de gravidez. A revisão do caso serve ao propósito de Lacan de empreender sua crítica à psicologia do ego que opera na dimensão do imaginário e do significado, delineando, desse modo, as diferenças em relação às vias do significante e do aparelho simbólico.

Um salto de vinte anos e estamos no Seminário 23, quando Lacan diz que, devido à greve, vai improvisar, vai evocar, vai apresentar alguém de que ele gosta muito: Hélène Cixous, a quem ele já teria dito algo sobre a peça. Quanto a nós, lemos:

> Trata-se da Dora de Freud. [...] É realizada de um modo real, quero dizer que a realidade, por exemplo, a dos ensaios, no final das contas, foi o que dominou os atores. Não sei o que vocês vão achar, mas é certo que há ali alguma coisa muito impressionante. Trata-se da histeria, precisamente, a de Dora, embora ela não seja

---

11 Lacan, J. ([1975-76]2005/2007). *O sinthoma* (S. Laia, trad.) (O seminário, livro 23). Rio de Janeiro: Zahar, p. 16.

12 Lacan, J. ([1955-56]1981/2002). *As psicoses* (A. Menezes, trad.) (O seminário, livro 3). Rio de Janeiro: Zahar, p. 193.

> a melhor histérica do elenco. A melhor histérica representa um outro papel [...].
>
> Há também alguém que faz o papel de Freud. Ele está claramente chateado, e isso se vê pela sua entonação. [...] A situação é ainda menos feliz, pelo menos para ele, porque não é um ator, ele se esforça nesse papel [...] O que vocês verão está, de todo modo, marcado por essa preocupação do Freud ator.
>
> Daí resulta, no conjunto, alguma coisa curiosíssima, em suma. Temos ali a histeria — acho que vão ficar impressionados, mas, no final, a opinião de vocês talvez seja outra — que eu poderia dizer *incompleta*. Quero dizer que, com a histeria, é sempre dois, pelo menos desde Freud. Ela aparece ali reduzida a um estado em que eu poderia chamar de material, e é por isso que acaba combinando com o que vou lhes explicar. Falta ali esse elemento que foi acrescentado há algum tempo — no final das contas, desde antes de Freud —, a saber, como é que ela deve ser compreendida. Isso constitui alguma coisa muito impressionante e muito instrutiva. É uma espécie de histeria rígida.[13]

Isso posto, Lacan então começa sua exposição em torno da cadeia borromeana. Quando não o entendo, peço socorro à literatura, que não me responde, mas me faz imaginar. Nesse caso, imaginar as ressonâncias da presença da peça de Cixous nesse momento do ensino lacaniano; momento em

13 Lacan, J. ([1975-76]2005/2007). *O sinthoma* (S. Laia, trad.) (O seminário, livro 23). Rio de Janeiro: Zahar, p. 102.

que Cixous, às voltas com o que seria uma prática de escritas de mulheres, lê Joyce com seu amigo Lacan. Nem por um instante podemos parar de interrogar o fato de que a peça pode ser lida como parte de uma prática da escrita de mulheres, como uma teatralização dessa prática; daí seus efeitos de leitura e de releitura pelo movimento feminista, pelos leitores da psicanálise e da obra de Cixous.

Aos leitores que caírem na intricada trama de questões perpetuadas pelo próprio relato de caso freudiano, recomendo a edição coordenada por Charles Bernheimer e Claire Kahane, *In Dora's case: Freud-hysteria-feminism* [*No caso Dora: Freud-histeria-feminismo*] (1985), parte da coleção da Columbia Press *Gender and Culture* [*Gênero e Cultura*]. Na coletânea, os leitores encontrarão "A footnote to Freud's 'Fragment of na analysis of a case of hysteria'" ["Uma nota de rodapé para o 'Fragmento de uma análise de um caso de histeria' de Freud"], de Felix Deutsch; "Intervention on transference" ["Intervenção sobre a transferência"], de Jacques Lacan; "Representation of patriarchy: sexuality and epistemology in Freud's Dora" ["Representação do patriarcado: sexualidade e epistemologia na Dora de Freud"], de Toril Moi, entre outros.[14] É o ensaio de Jane Gallop, "Keys to Dora" ["Chaves para Dora"], que retoma o debate entre Catherine Clément e Hélène Cixous no livro *La jeune née* [*A jovem nascida*], quando as duas teóricas feministas mostram, em público, suas posições discordantes quanto à leitura do caso Dora no que diz respeito a posições imaginárias

---

14 Entre os ensaios citados, não tenho notícia da tradução de nenhum deles, salvo o de Lacan, que compõe a Parte III de *Escritos* (Zahar, 1998).

e simbólicas de Freud e de Dora. Gallop destaca justamente a decisão das autoras de publicar essa discordância como um gesto de "inscrição simbólica" que abre a questão da mulher para o público, gesto que tensiona seu próprio pertencimento à estrutura familiar. Essa abertura tensiona outras como a abertura do caso para sua publicação, a porta giratória entre as famílias B. e K. e todos os nós que entrelaçam a posição da filha — Dora — como objeto de troca entre os casais, sem esquecer as relações com as governantas, quando as perguntas — quem governa quem; quem despede quem? — tornam mais aguda a complexidade do intercâmbio entre passividade e atividade.

Destacam-se economia de troca, teoria do valor e relações de obediência. Assim, não é por acaso que Jeanette L. Savona, em "Portrait de Dora d'Hélène Cixous: à la recherche d'un théâtre féministe" ["Retrato de Dora de Hélène Cixous: à procura de um teatro feminista"], situa a análise da peça a partir da teoria feminista na confluência intransponível entre a psicanálise e o marxismo, e acrescenta: "O grande mérito de Cixous foi o de ter integrado o desejo feminino ao funcionamento da teatralidade. Assim, esse desejo deverá ser visto pelas espectadoras como a lembrança de uma relação profundamente enraizada na memória feminina".[15]

Eric Prenowitz, no ensaio intitulado "Cómo cambiar el curso de la Historia? El Teatro de Hélène Cixous" ["Como mudar o curso da História? O teatro de Hélène Cixous"], propõe

---

15 Savona, J. L. (1990). Portrait de Dora d'Hélène Cixous: à la recherche d'un théâtre féministe. In F. van Rossum-Guyon & M. Díaz-Diocaretz (org.), *Hélène Cixous, chemins d'une écriture*. Paris: PUV, Amsterdam: RPDOPI, p. 168.

distinguir três famílias de obras na dramaturgia da autora. Na primeira família estão reunidas as peças *La pupille* [*A pupila*] (1971), *Retrato de Dora* (1976) e *La prise de l'école de Madhubaï* [*A tomada da escola de Madhubaï*] (1984). Na segunda família estão as peças escritas para o Théâtre du Soleil, fundado por Ariane Mnouchkine; na terceira, os dois trabalhos de Cixous escritos para o diretor Daniel Mesguich. Prenowitz recolhe alguns traços comuns às três peças da primeira família, quais sejam: a perda como condição incontornável para o começo, a retomada de uma personagem histórica — Dora, na história da psicanálise; Poolan Devi, na história da Índia —, deixando tremer os limites da história e da dramaturgia ao dar voz à mulher. De todo modo, aquilo que Prenowitz situa na dimensão da segunda família é imprescindível não só para pensarmos a peça *Retrato de Dora*, mas também a leitura que Lacan faz de sua encenação, capturando com a argúcia que lhe é peculiar este ponto que está muito bem-dito por Prenowitz:

> O teatro de Hélène Cixous e de Ariane Mnouchkine é um teatro da presença. Nem o ator, nem seu personagem, nem seu público devem saber, antecipar, o que acontecerá no próximo instante ou na próxima cena. O mesmo vale para a autora. Neste aspecto, o teatro deve ser como a vida: não uma simulação (um teatro supostamente "realista"), já que nos falamos no presente e não podemos nos preceder. Este princípio dita também o tipo de atuação do Théâtre du Soleil: o importante não é imitar o comportamento de uma personagem na realidade, mas sim que o ator se coloque no estado da personagem em cada instante. [...]

> Trata-se, pois, de uma recusa ao realismo, ao ilusionismo, à "realidade virtual". [...] A costura, o artifício ou as marcas de fábrica do que aparece em cena não se ocultam, o menor detalhe se calcula e se executa com a maior precisão. Pois trata-se de produzir ou de deixar vir "acontecimentos de teatro", quando o teatro efetiva a verdade que "representa".[16]

Esse elogio do artifício não é estranho nem à escrita da psicanálise freudiana, nem ao que está em jogo na leitura que Lacan faz de Joyce, e tampouco do extremo a que Cixous empurra sua escrita literária e teatral. Não nos demoremos mais a escutá-la. Tal escuta requer uma citação longa:

> A voz da **peça**
>
> "*... Estes acontecimentos são anunciados, feito uma sombra, nos sonhos, com frequência eles ficam tão distintos que se acredita apreendê-los de maneira palpável, mas, apesar disso, escapam a um esclarecimento definitivo, e ao proceder sem habilidade e certa prudência, não é possível determinar se uma cena assim realmente ocorreu.*"
>
> **Dora** (*uma voz que rasga um silêncio — tom entre ameaça e pedido — é ouvida*)
>
> Se o senhor se atrever a me beijar, lhe dou um tapa! (*pendendo para o afago*)

16 Prenowitz, E. (2006). Cómo cambiar el curso de la Historia? El Teatro de Hélène Cixous. In M. Segarra (org.), *Ver con Hélène Cixous*. Barcelona: Icaria, pp. 90-91.

Dora (*de repente, ao pé do ouvido*)

O senhor se atreva a me beijar, lhe dou um tapa!

Freud

É, a senhorita vai me contar. Nos mínimos detalhes.

Dora (*voz distante*)

"Se você quiser".

(*voz desperta*)

Se o senhor quiser. E depois?

Freud

A senhorita vai me contar a cena do lago, nos mínimos detalhes.

Dora

Por que é que eu fiquei calada nos primeiros dias depois da cena do lago?

Freud

A quem a senhorita acha que deveria fazer essa pergunta?

Dora

Por que, então, de repente, contei a coisa toda para os meus pais?

Freud

O que a senhorita acha?

Dora (*não responde, mas relata com voz sonhosa*)

Quando o papai começou a se arrumar para ir embora, eu disse que não ficaria aqui sem ele. Por que contei a cena para a minha mãe para que ela repetisse para o meu pai?

Senhor B.

O senhor K. sempre se mostrou amável com a minha filha, desde que as nossas famílias se uniram numa amizade íntima que já vem de anos. Quando estava por aqui, o senhor K. passeava com ela. Um afeto quase paternal. Ainda que ela não passasse de uma criança. Ele oferecia pequenos mimos e cuidava dela com um afeto quase paternal. Quanto a Dora, era com uma solicitude maravilhosa que tomava conta dos dois filhos pequenos dos nossos amigos. Ela poderia fazer as vezes de mãe deles. Dois anos atrás, minha filha e eu fomos nos encontrar com os K., que estavam hospedados às margens dos nossos lagos de montanha. Era para Dora ficar várias semanas com eles.

Dora

Não vou ficar, vou embora com o meu pai.

Senhor B.

Mas o ar da montanha e do lago fariam muitíssimo bem aos teus nervos. Tenho certeza de que em poucos dias.

Dora

Vou embora com você.

(*e abruptamente ameaçadora*)

Não vou te perdoar nunca!

Senhor B.

Não estou te entendendo!

Dora

Está, sim, mas não está sendo sincero. Você tem um traço de falsidade no caráter. Só pensa na própria satisfação. Você não está entendendo. Não estou sendo sincera. Estou sendo injusta com você. Dá uma pulseira para mim

(*Algum tempo.*)

Meu pai é muito generoso. Gosta de agradar a pobre senhora K. Ao mesmo tempo, também é generoso com a mulher e a filha. Meu pai nunca compra uma joia para mim sem comprar uma para a minha mãe e outra para a senhora K.

Senhor B.

Dora ainda é uma criança e o senhor K. trata ela feito criança. Enviava flores, dava presentinhos. Ela fazia as vezes de mãe para as crianças, dava aula, passeava. Dedicava a elas uma atenção tão carinhosa quanto a que a própria mãe teria manifestado.

Dora

Nunca amei o senhor K. Nunca fui louca por ele. Poderia ter amado, mas depois da cena do lago é totalmente impossível. Falavam em divórcio entre o senhor e a senhora K. Eu ficava tomando conta das crianças. Quando o meu pai visitava a senhora K., eu sabia que as crianças não estariam em casa, gostava de fazer por onde encontrá-las e passeava com elas.

Senhor K.

Dora não é mais uma criança.

Senhora K.

Dora *é* uma criança que só se interessa por coisas sexuais. Quando ficava hospedada na nossa casa na beira do lago, lia escondido *A fisiologia do amor* de Mantegazza e outros livros parecidos que a deixavam excitada. Ela me adora. Ela confia em mim. É uma criança que desperta sentimentos mistos. Não dá para acreditar em tudo o que ela diz, essas leituras sobem à cabeça dela.

Senhor B.

É provável que ela tenha "*imaginado*" toda a cena do lago.

Dora

O senhor está ouvindo?

Freud

Sim.[17]

Terá saltado aos olhos do leitor que "A voz da peça" dita o traço principal do primeiro fragmento de *Retrato de Dora*, qual seja: a indeterminação do interlocutor, quem fala a quem? Leitora e escritora do método de leitura e de escrita do inconsciente, ao longo de toda sua obra, Cixous encena um modo de sobrepor cenas que indetermina quem fala a quem, as presenças e ausências em cada cena e os contornos entre realidade, imaginação, fantasia, sonho, além das sobreposições, entrecruzamentos e indeterminações temporais e espaciais. À maneira de Freud, à maneira de Proust, à maneira de Joyce.

As cenas coexistem no palco, não há uma determinação do que seria cena do diálogo entre as personagens ou a cena da memória; Cixous justapõe as cenas não somente por meio desse procedimento, mas também ao esvaziar a consistência imaginária que, no relato do caso, terá sido dada a partir da

---

17 Cf. neste volume: Cixous, H. (1976). Retrato de Dora, pp. 45-50.

sintaxe, das orações que introduzem subordinações causais. Ela faz o discurso passar da hipotaxe de Freud à parataxe que virá a constituir seu próprio estilo.[18] Cixous interrompe, e a interrupção, matéria decisiva da transferência entre Dora e Freud, torna-se um princípio de composição da peça. Uma leitura de sobrevoo, que colocasse lado a lado o relato do caso e a peça, mostra que a operação principal, na passagem do relato à encenação, consiste na subtração do narrador externo à cena e à enunciação. Penso no narrador que constrói um ponto de vista externo, com visão totalizante das cenas e, sobretudo, que tece de maneira cerrada conexões interpretativas, de causalidade, que, nas palavras do próprio Freud, preenchem lacunas. Os fragmentos não obedecem mais à sua própria lógica de disjunção, mas são inseridos numa interpretação totalizante, quer seja dada pela teoria dos sonhos, quer pelo significado sexual. Cixous, ao suprimir o Freud-narrador, ao passar ao teatro, arranca as cenas do romance e da teoria e faz com que elas transbordem umas nas outras. Nessa transposição para o teatro, não é mais a boca que tagarela, mas a mão que escreve, que interrompe, que corta, fragmentando o corpo teórico freudiano. A partir disso, poderíamos começar a pensar a complicação que haveria entre *portrait* (representação a partir de um modelo real, mas também desenho, representação, imagem) e *falácia* (falso que simula uma verdade)?

---

18 Em outro momento, penso esse procedimento do estilo cixousiano em relação à escrita do sonho. Cf. Trocoli, F. (2023). Hélène Cixous: escavar ruínas, ressuscitar a criança. In M. Alkimin & E. Ferraz (org.), *Ruína: literatura e pensamento* (pp. 161-179). Rio de Janeiro: Papéis Selvagens.

Em "Une porte du *Portrait du soleil* ou la succulence du sujet" ["Uma porta do *Portrait du soleil* ou a suculência do sujeito"], Mairéad Hanrahan nos ajuda, com atalhos, a pensar tal complicação. Depois de dizer que fazer um retrato do sol "significa representar aquilo que não se deixa representar no nível metafórico, como o sol sensível não se deixa olhar", ela nos diz que, "como mostrou Jacques Derrida, o sol não apenas guarda sempre a figura do pai, ele é também pai de toda figura".[19] Seguindo um procedimento muito cixousiano, Hanrahan extrai do significante *portrait* a palavra *porte* para passar do retrato de um para as portas que abrem passagens a outros, a muitos, a mais de um, além do pai. Assim, passar de um a outro implica passar de Freud a Cixous, o que em ficções tardias da autora será dado na relação entre tio e sobrinha — Freud passará a ser *mon oncle Freud* [meu tio Freud], condensando a genealogia e as lentes de visão.[20]

Nas linhas finais de *Portrait du soleil* [*Retrato do sol*], a voz da narração evoca, explicitamente, "os velhos olhares familiares à colonização" que essa voz não tarda a estender à exploração, à usurpação, quando, antecipando a imagem da Medusa, ouve-se: "Por toda parte as cabeças voam, sem que os corpos confessem sua decapitação, e me bombardeiam com

---

19 Hanrahan, M. (1990). Une porte du *Portrait du Soleil* ou la succulence du sujet. In F. van Rossum-Guyon & M. Díaz-Diocaretz (org.), *Hélène Cixous, chemins d'une écriture*. Paris: PUV, Amsterdam: RPDOPI, p. 45.

20 Cf. Trocoli, F. & Souza, R. (2022). Sob as flores — Hélène Cixous reescreve inscrições apagadas de Proust, de Freud. *Alea: estudos neolatinos, 24*(3), pp. 167-183.

sua raiva, querendo minha cabeça".[21] A narração de *Portrait du soleil* antecipa não só as linhas de *O riso da Medusa*, mas de diversos procedimentos ficcionais que atravessam a escrita de Hélène Cixous. A narração engendra muitas dobras a partir da cena primitiva encenada no caso Dora, como veremos a seguir, a da morte do objeto do desejo e, por conseguinte, do próprio sujeito, segundo Cixous. O pai, Freud, Senhor K., sra. K., Dora são intercambiáveis com Dieubis, Jeor, Hélène Cixous e com os pronomes pessoais "eu", "nós". Assim como a Áustria passa a conter o Egito e vice-versa. Tal movimento incessante de substituições impede não só a significação do desejo em um significado proferido pelo Mestre, quer seja Freud, sr. K ou a História, mas impede também a identificação cristalizada que está no cerne dos pares dicotômicos: vítima e algoz, passivo e ativo, mulher e homem, natureza e cultura.[22] É a lógica dicotômica que parece proferir o que será chamado ao final do livro de *efeito Dora*; permito-me citar longamente:

> O que se produziu e que me parece ter sido previsto, quem sabe até desejado ou mesmo provocado por mim é o que chamarei de efeito Dora: isto é, o efeito de desaparição aniquilador e irremediável do objeto de desejo sem sombra de esperança, efeito de uma crueza única, comparável ou equivalente ou produzido pelo arrancar imprevisível dos dois olhos do sujeito

---

21 Cixous, H. (1973/1999). *Portrait du soleil*. Paris: Des Femmes, p. 176.

22 Cf. Cixous, H. (1975/2010). Sorties. In *Le rire de la Méduse et autres ironies* (pp. 69-197). Paris: Galilée.

> ou pela explosão inesperada dos globos oculares, dor única porque ela não pode nem mesmo se consolar ao se ver, aquela que torna o luto por um morto afogado, sem corpo encontrado, um estraçalhar de nervos mais sutil do que o do luto por um corpo bem conservado, velado e vigiado. Desaparição que, sei por experiência própria, tem efeito duplo e recíproco: não vejo mais e não sou mais vista, efeito que causa o efeito de duplicar minha dor de amor. Seja Dora e Freud. Seja Dora. Seja Freud. Que Dora seja Freud. O que faz com que Freud seja Dora (e também Dieubis, Jeor, Senhora ou Senhor K. e o tempo todo Dioniris, ou eu mesma dependendo de quem olha ou não vê).[23]

Assim, o fragmento contém uma crítica aos pares opositores e excludentes que regem a lógica falocêntrica e também antecipa o que estará no cerne de *O riso da Medusa*, *A chegada à escrita*, *Sorties* [*Saídas*] e *Retrato de Dora*, isto é, um trabalho de escrita que produzisse uma subversão do desejo feminino não mais submetido às fantasias masculinas da Bela Adormecida, da boneca, da Branca de Neve morta.

Voltemos ao problema do diálogo, sem nunca o ter abandonado.

Em "Intervenção sobre a transferência", de 1951, Lacan afirma que "numa psicanálise, com efeito, o sujeito propriamente dito constitui-se por um discurso em que a simples

---

23 Cixous, H. (1973/1999). *Portrait du soleil*. Paris: des Femmes, pp. 174-175.

presença do psicanalista introduz, antes de qualquer intervenção, a dimensão do diálogo".[24] Essa dimensão não tardará a ser repensada e transformada, mas ainda é possível considerá-la para tentar mostrar que é sobre ela que a estrutura da peça incide para subvertê-la. *Retrato de Dora* quebra a estrutura dialógica do entre dois.[25] Em francês, isso se acentuaria pelo uso do *vous*: o pronome de segunda pessoa do plural, para tratamento formal entre os francófonos, na peça incluiria também o terceiro, o público, mas não em endereçamento direto, e isso é fundamental. Em suas revisitas ao caso Dora, Lacan adverte que Freud se perguntou o que Dora desejava e não quem nela desejava. Cixous encena essa questão da identificação a partir do endereçamento: quem fala quando eu falo? Cindindo o *eu* em *ela*, em *ele*, em outra(o). Nessa mesma direção, também é fundamental que o que foi chamado de "A voz da peça" não esteja identificado ao personagem Freud.

No Seminário 23, encontra-se a célebre formulação de Lacan: "A hipótese do inconsciente, sublinha Freud, só pode se manter na suposição do Nome-do-Pai. Supor o Nome-do-Pai, decerto, é Deus. Por isso, a psicanálise, ao ser bem-sucedida, prova que podemos prescindir do Nome-do-Pai. Podemos prescindir do Nome-do-Pai. Podemos prescindir com a condição de

---

24 Lacan, J. ([1951]1966/1998). Intervenção sobre a transferência. In *Escritos* (V. Ribeiro, trad.). Rio de Janeiro: Zahar, p. 215.

25 Em comunicação pessoal, Priscila Matsunaga (2021), ao ler o fragmento citado, pontuou que as personagens se dirigem menos umas às outras do que à plateia, e também sublinhou a coexistência das cenas no palco.

nos servirmos dele".[26] De certo modo, o que Cixous faz com o caso é transpor as ordenações ditadas pelo Nome-do-Pai para dar ênfase ao primeiro nome da filha e, por fim, aos *Nomes de ninguém* da língua literária.[27]

Em *A relação de objeto*, Lacan indica o ponto em que Dora se vê reduzida ao estado de puro objeto, quando se dá sua reivindicação pela exclusividade do pai.[28] A leitura desse trecho por meio das lentes do Seminário 23 me faz pensar em uma passagem demorada desse lugar de puro objeto de troca para um impuro objeto da escrita. Um trabalho insistente de leitura e de escrita que permita à mulher tomar a palavra sem se confrontar com um significado preexistente ao momento em que seu corpo e sua voz se lançam no vazio e se inscrevem. Nem recusar, nem se privar, mas saber-fazer decair o esplendor do ser da questão (o que é ser uma mulher?) para o ardor do dizer (como uma mulher escreve?). Nem reivindicar, nem mendigar, saber-fazer decair o triângulo que situa e faz amar por procuração para escrever amando, um amor que permita soltar a mão do Outro que supostamente saberia falar o que é ser. Sem interpretante, uma mulher lançaria seu corpo ao *sem-sentido-branco* da página, escrevendo em *lalíngua* helênica, em que seu corpo não está mais metaforizado no fora da

---

26 Lacan, J. ([1975-76]2005/2007). *O sinthoma* (S. Laia, trad.) (O seminário, livro 23). Rio de Janeiro: Zahar, p. 132; trad. modificada.

27 A questão dos nomes do pai, do primeiro nome, dos nomes de ninguém, está espalhada pela obra de Cixous. Nesse caso, recomendo a leitura de Cixous, H. (1974). *Prénoms de personne* [Nomes de ninguém]. Paris: Seuil.

28 Lacan, J. ([1956-57]1994/1995). *A relação de objeto* (D. D. Estrada, trad.) (O seminário, livro 4). Rio de Janeiro: Zahar, p. 147.

caixinha de joias, mas se faz e se desfaz, *belo*, dentro do artifício da escrita, letra a letra, ardorosamente, dando mais uma volta em seu semidizer: *a medusa não mata, ela ri.*

No entanto, o que terá permitido a passagem da identificação ao objeto de troca — logo, de descarte —, a objeto de escrita não identificável, serão os próprios recursos da linguagem que todo retorno a Freud requer revisitar. Cito a voz da peça valendo-se do artifício que se chamará monóculo-Freud:

> A voz da **peça**
>
> O que o lírio do vale diz no sonho
> O senhor K. disse para ela com uma caixa de joias.
> O que se diz com flores
> O papai disse a ela com pérolas
> O que Dora não disse
> O Doutor disse a ela com a fumaça.[29]

Vejo a filhinha pequena de um casal muito amigo lamber e lamber as coisas; ao acordar, uma frase me arrebata: ela experimenta o mundo com a língua. O nome da menina é Dora e o nome de seu pai e o de sua mãe têm como iniciais a letra C. Assim, o inconsciente não para de inventar, de extrair, de substituir, de gritar, de lamber e de queimar o mundo com a língua; sua escrita conta com o artifício para fazer e para desfazer, em movimento perpétuo, entre a dor e o ardor. É essa passagem que se experimenta com a língua quando todos

29 Cf. neste volume: Cixous, H. (1976). Retrato de Dora, p. 130.

os retratos sobem ao palco e podem gozar dos artifícios da rasura, da substituição, do deslocamento, do corte, da erosão. Quebrar pedestais, subir em banquinhos, entre o sol e Dora, entre pai e filha, entre pai e amante, entre mãe e amante, entre o sonho e a cena primitiva, entre o olhar e a voz, entre o teatro e a psicanálise. Assim é que Hélène Cixous, em seu retrato de sobrinha, deixa para o tio Freud as cinzas que restaram da fumaça e que ainda pedem escuta:

> Não tem dor maior que lembrar do amor.
>
> E disso Freud sabia.[30]

A escrita de Cixous passa do efeito Dora, efeito de aniquilação, ao efeito de amor, efeito de transporte. Uma das passagens, nos assinala *Sorties* [*Saídas*], se faz pelo livro. Este que te espera na posta restante ou nesse teatro chamado sonho. Este que, em 1976, recebeu o nome de *Retrato de Dora*, *este desejo ainda, este desejo em corpo Sim.*[31] Ei-lo. Entre suas mãos.

Rio de Janeiro, fevereiro de 2024.

---

30 Cf. neste volume: Cixous, H. (1976). Retrato de Dora, p. 145.

31 Cixous, H. (1973/1999). *Portrait du soleil*. Paris: Des Femmes, p. 181.

Retrato de Dora

Portrait de Dora (1976)

HÉLÈNE CIXOUS (1937-) nasceu em Orã, na Argélia, país do qual partiu em 1955 para seguir os estudos na França, onde vive até hoje. Ao longo da década de 1960, enquanto colaborava com iniciativas feministas e participava do movimento contestatório que culminaria em maio de 1968, desenvolveu seu doutorado acerca da obra de James Joyce. Ao lado de Jacques Derrida, participou da criação da Universidade de Vincennes (Paris 8), onde foi responsável, em 1974, pela fundação do que viria a se tornar o Centro de Estudos Femininos e de Estudos de Gênero. Escritora prolífica, tanto de ensaios quanto de teatro e ficção, recebeu prêmios importantes, como o Médicis (1969) e o Marguerite Duras (2014), tornando-se conhecida no Brasil especialmente por ter sido uma das grandes entusiastas e promotoras da obra de Clarice Lispector no continente europeu. Sempre em diálogo com a psicanálise, Cixous chegou a afirmar, numa matéria publicada em 26 de fevereiro de 1976 — dia da estreia da encenação de *Retrato de Dora* — que, enquanto autora, ela trabalha "o mais perto possível do inconsciente", de modo que é "para essa outra cena" que se abre a sua escrita.

Retrato de Dora

Personagens **Senhora K.** (*Michelle Marquais*)
Dora (*Nathalie Nell*)
Senhor K. (*Gérard Falconetti*)
Senhor B. (*Stéphane Fey*)
Freud (*Lucien Rosengart*)

Direção e cenografia: *Simone Benmussa*

Sequências filmadas por *Marguerite Duras*, com a participação coreografada de *Carolyn Carlson*.

Realização técnica de audiovisual pelo Centro Beaubourg (Pierre Tailhardat, Annie Gutmann, Georges Meguerditchian, Gérard Chinon, Jacques Guillot, Elie Renassia).

Assistente de cenário: *Panda Antequeda*
Direção de palco: *Dominique Ehlinger*
Iluminação: *Geneviève Soubirou*

Estreia mundial em 26 de fevereiro de 1976, no Teatro de Orsay (salão menor), *Companhia Renaud-Barrault.*

A voz da **peça**

"... Estes acontecimentos são anunciados, feito uma sombra, nos sonhos, com frequência eles ficam tão distintos que se acredita apreendê-los de maneira palpável, mas, apesar disso, escapam a um esclarecimento definitivo, e ao proceder sem habilidade e certa prudência, não é possível determinar se uma cena assim realmente ocorreu."

Dora (*uma voz que rasga um silêncio — tom entre ameaça e pedido — é ouvida*)

Se o senhor se atrever a me beijar, lhe dou um tapa! (*pendendo para o afago*)

Dora (*de repente, ao pé do ouvido*)

O senhor se atreva a me beijar, lhe dou um tapa!

Freud

É, a senhorita vai me contar. Nos mínimos detalhes.

Dora (*voz distante*)

"Se você quiser".

(*voz desperta*)

Se o senhor quiser. E depois?

Freud

A senhorita vai me contar a cena do lago, nos mínimos detalhes.

Dora

Por que é que eu fiquei calada nos primeiros dias depois da cena do lago?

Freud

A quem a senhorita acha que deveria fazer essa pergunta?

Dora

Por que, então, de repente, contei a coisa toda para os meus pais?

Freud

O que a senhorita acha?

Dora (*não responde, mas relata com voz sonhosa*)

Quando o papai começou a se arrumar para ir embora, eu disse que não ficaria aqui sem ele. Por que contei a cena para a minha mãe para que ela repetisse para o meu pai?

Senhor B.

O senhor K. sempre se mostrou amável com a minha filha, desde que as nossas famílias se uniram numa amizade íntima que já vem de anos. Quando estava por aqui, o senhor K. passeava com ela. Um afeto quase paternal. Ainda que ela não passasse de uma criança. Ele oferecia pequenos mimos e cuidava dela com um afeto quase paternal. Quanto a Dora, era com uma solicitude maravilhosa que tomava conta dos dois filhos pequenos dos nossos amigos. Ela poderia fazer as vezes de mãe deles. Dois anos atrás, minha filha e eu fomos nos encontrar com os K., que estavam hospedados às margens dos nossos lagos de montanha. Era para Dora ficar várias semanas com eles.

Dora

Não vou ficar, vou embora com o meu pai.

Senhor B.

Mas o ar da montanha e do lago fariam muitíssimo bem aos teus nervos. Tenho certeza de que em poucos dias.

Dora

Vou embora com você.

(*e abruptamente ameaçadora*)

Não vou te perdoar nunca!

Senhor B.

Não estou te entendendo!

Dora

Está sim, mas não está sendo sincero. Você tem um traço de falsidade no caráter. Só pensa na própria satisfação. Você não está entendendo. Não estou sendo sincera. Estou sendo injusta com você. Dá uma pulseira para mim

(*Algum tempo.*)

Meu pai é muito generoso. Gosta de agradar a pobre senhora K. Ao mesmo tempo, também é generoso com a mulher e a filha. Meu pai nunca compra uma joia para mim sem comprar uma para a minha mãe e outra para a senhora K.

Senhor B.

Dora ainda é uma criança e o senhor K. trata ela feito criança. Enviava flores, dava presentinhos. Ela fazia as vezes de mãe para as crianças, dava aula, passeava. Dedicava a elas uma atenção tão carinhosa quanto a que a própria mãe teria manifestado.

Dora

Nunca amei o senhor K. Nunca fui louca por ele. Poderia ter amado, mas depois da cena do lago é totalmente impossível. Falavam em divórcio entre o senhor e a senhora K. Eu ficava tomando conta das crianças. Quando o meu pai visitava a senhora K., eu sabia que as crianças não estariam em casa, gostava de fazer por onde encontrá-las e passeava com elas.

Senhor K.

Dora não é mais uma criança.

Senhora K.

Dora *é* uma criança que só se interessa por coisas sexuais. Quando ficava hospedada na nossa casa na beira do lago, lia escondido *A fisiologia do amor* de Mantegazza[1] e outros livros parecidos que a deixavam excitada. Ela me adora. Ela confia em mim. É uma criança que desperta sentimentos mistos. Não dá para acreditar em tudo o que ela diz, essas leituras sobem à cabeça dela.

Senhor B.

É provável que ela tenha "*imaginado*" toda a cena do lago.

---

1 No original francês, o título consta como *La psychologie de l'amour* [*A psicologia do amor*], de Montegazza (*sic*). Trata-se, na realidade, da seguinte obra: Mantegazza, P. (1873). *La fisiologia dell'amore*. Milano: Bernardoni/Brigola. Em português brasileiro: Mantegazza, P. (1873/1874). *Physiologia do amor* (V. Coaracy, trad.). Rio de Janeiro: Garnier. O autor, Paolo Mantegazza (1831-1910), higienista e patologista italiano, havia sido professor de Antropologia no Instituto Superior de Florença. O referido livro foi o primeiro de uma trilogia sobre o tema, que também contaria com os volumes *Higiene do amor* (1878) e *O amor na humanidade* (1885). A tradução alemã, *Die Physiologie der Liebe*, mencionada por Sigmund Freud em "Análise fragmentaria de uma histeria" — o famigerado "Caso Dora" (1901-05) —, havia sido publicada em 1877. (N.E.)

Dora

O senhor está ouvindo?

Freud

Sim.

- - - - -

Dora

Tem uma porta em Viena pela qual todo mundo pode passar, menos eu. Vira e mexe eu sonho que chego em frente a essa porta, ela se abre, daria para eu entrar. Rapazes e moças borbotam para dentro, daria para eu entrar com o fluxo, mas não entro, contudo, não consigo me distanciar definitivamente dessa porta, passo em frente, me delongo mas não vou, não consigo ir além, estou repleta de memória e desesperança, o estranho é que daria para eu passar mas fico contida, tenho receio, estou além de todo e qualquer receio, mas não entro, se não entro, morro, se entrasse, se quisesse ver o senhor K. mas se o papai me visse, mas eu não quero vê-lo, mas se o papai me visse vendo, ele me mataria, eu poderia vê-lo uma vez. Seria a última. E em seguida

Senhora K. (*voz trocista e sarcástica*)

Sempre disse que o caso foi por lago abaixo!...

Dora

E em seguida… nada. Nada a fazer.

Assim que entendi as intenções do senhor K., cortei a fala dele, dei-lhe uma bofetada e fugi. Eu fugi eu lhe dei uma bofetada, cortei as intenções dele. Eu entendi a fala dele.

A voz da **peça**

"Este primeiro relato é comparável a uma correnteza que não seria navegável, a uma correnteza cujo leito estaria ora obstruído por rochedos ora dividido por bancos de areia."

Freud

Muito por acaso eu conheço o senhor K. É jovem ainda, exterior vistoso. O pai, senhor B., era um homem abastado, delicado nos modos, pai carinhoso e marido paciente. Não conheci a mãe de Dora.

O pai era muito apegado à filha. Toda vez que alguém perguntava sobre a saúde dela, os olhos dele minavam.

Dora

A minha mãe não significa nada para ele.

Senhor B.

Você deve estar imaginando coisas! Um homem como o senhor K. é incapaz desse tipo de intenção!

Dora

Eu estaria "imaginando!" isso! Ele disse: "A senhorita sabe que a minha mulher não significa nada para mim". Assim que entendi suas intenções, eu o esbofeteei e fugi.

(*em cena lateral*)

Assim que a senhora K. entendeu as intenções do papai, ela podou a fala dele, esbofeteou ele e fugiu. Ela esbofeteou ele. E você, você está dizendo que eu teria "imaginado"! Agora "escolhe"! Es-co-lhe!

Senhor B.

Mas para de gritar!

Dora

Ela ou eu!

Senhor K.

Não fiz absolutamente nada que pudesse merecer uma interpretação dessas. Enviei flores ao longo do ano, tratei ela como filha. O senhor B., com a sua bem conhecida delicadeza em relação às mulheres, sabe como foi desinteressada a minha solicitude.

Dora

Responda. Ora, responda!

- - - - -

Dora

Não foi exatamente na beira do lago. Foi na floresta. Fazia tempo que havia entendido as intenções do senhor K. Durante o passeio, ele havia enrolado um cigarro.

(Um silêncio, enquanto se desenrola, em outra época — quando Dora está com quatorze anos — a cena da porta que fica ao lado da escada.)

Todas as manhãs, quando acordo, sinto um cheiro de fumaça. É sempre o mesmo. Não abro os olhos. Farejo. E é ele.

Dora

Quando fui entrando na loja, pairava um leve cheiro de fumaça. O senhor K. estava sozinho. A senhora K. e minha mãe demorando. O momento da procissão se aproximava.

Freud

Onde há fumaça, há fogo.

Dora

O senhor K. e o meu pai eram como o senhor, fumantes inveterados. Eu mesma fumei na beira do lago. Ele enrolou um cigarro para mim. Ele cheirava fumaça. Tenho horror a cheiro de fumaça.

Lembro que a porta que levava da loja ao apartamento estava aberta, senti o cheiro de fumaça, o perfume da senhora K., misturados. Quando estava chegando a hora de a procissão passar, ele pediu pelo amor de deus que esperasse por ele… que esperasse por ele.

Freud

Diga. Diga. Diga.

Dora

Ele pediu pelo amor de deus…

Que esperasse por ele, quando estava chegando a hora.

(*Silêncio.*)

Freud

E então?

Dora

Tem uma porta. Que dá para a escada que leva ao andar de cima; aqui. Enquanto ele baixava as persianas. Eu esperava por ele. Havia um cheiro… conhecido.

Freud

Sim. E em seguida?

Dora

Ele voltou e em seguida e então, em vez de sair pela porta aberta, ele foi me abraçando, ele me abraçou, e ele me beijou na boca. Senti um nojo tão intenso, eu detestei ele com toda a minha alma, fiquei enojada, eu me afastei violentamente dele, sinto ele até hoje, neste exato momento, eu sinto ele, tão intenso.

Ainda sinto esse beijo, e a pressão desse abraço; ele estava com os lábios bem molhados. Aqui, no peito, até as costas. Eu passei correndo por ele, ao lado desse homem.

Eu me afastei, saí correndo, olhei para ele, saí correndo em direção à escada, passando ao lado desse homem (eu pensava: estou passando ao lado "desse homem") em direção à escada, e de lá, rumo à porta da casa.

Freud

E então?

Dora

Então... nada. Só isso. A porta.

Dora

Odeio ficar cara-a-cara.

Senhor B.

Ela sofre de um desconforto respiratório desde os oito anos de idade. Minha filha sempre foi muito nervosa, muito frágil. Teve uma época em que a saúde dela me causava certa preocupação.

Freud

E a mãe dela?

Senhor B.

A relação entre a minha mulher e a minha filha é pouco afetuosa. Minha mulher não significa grande coisa para mim. Infelizmente. É uma mulher pouco instruída. Sem entendimento para as aspirações dos filhos. Dora ficava naturalmente do meu lado. Eu mesmo caí gravemente doente: não duvido de que o carinho dela por mim tenha crescido por causa do que sofri.

Dora

Durante a doença, dizem que a senhora K. salvou ele. Ela tem eterno direito à gratidão dele. Quando eu estava com dez anos, meu pai teve um descolamento de retina que precisou de escototerapia. Eu gostava de fazer companhia para ele no escuro. Ele me pegava nos braços e me beijava.

Eu mesma cuidava para que as persianas estivessem sempre abaixadas.

Senhor B.

As enxaquecas e as crises de tosse nervosa apareceram por volta dos doze anos de idade. (Eu me lembro bem, porque foi na época em que o meu amigo K. me convenceu a vir aqui consultar o senhor.) Os ataques de tosse às vezes persistem por três ou quatro semanas. Mas o que mais me preocupa são esses períodos de afonia.

Dora

Mas as relações só se tornaram íntimas quando a senhora K. se impôs como cuidadora.

Minha mãe ficava longe do quarto, porque ela não gosta do meu pai. É uma mulher burra.

Senhor B.

Tenho uma amizade sincera com a senhora K. Dora, que é muito próxima de mim, sentia por ela uma espécie de adoração.

Dora

Adoração.

Nunca tinha visto uma mulher tão elegante e linda. Como gostava de olhar para ela! Eu ficava seguindo ela com olhos. Achava que ela sabia fazer tudo o que as mulheres têm que saber fazer. Eu gostava de levar flores ao quarto dela.

Quando ela e o meu pai mudaram de quarto e se instalaram, ambos, nos aposentos dos fundos, eu entendi tudo.

(grito na direção do ***Senhor B.****)*

Tudo. O senhor está me ouvindo?

Senhor B. *(muito agressivo, se defende)*

Ela própria sofrendo muitíssimo dos nervos, a senhora K. me tem como único amigo. Haja vista o meu estado de saúde, e a natureza frágil dela, nem preciso dizer ao senhor que nós nos unimos apenas pela mais amistosa simpatia. A animosidade de Dora é injusta. A irritabilidade, os pensamentos suicidas! Tudo isso vem, evidentemente, da mãe dela.

Dora

Por que nunca confessei essa história para ninguém?

Freud

Exceto para mim.

(***Dora*** *sai. Passos na escada, passos que correm, ela para na escada.*)

- - - - -

Dora

Está escuro aqui…

Senhor K. (*cochicha*)

Espera por mim, eu baixo as persianas e sou todo da senhorita.

Dora (*cochicha às pressas. O não dito, perdido, no corpo, entre os corpos*)

Nem precisa abrir. Está sempre aberto. Eu posso abrir. Não abrir. *Esse homem tinha dentes bonitos feito as pérolas de uma pulseira. Posso abrir um pouco. E por que você não abriria?* O que está aberto pode não ser aberto. O que aconteceu pode não ter acontecido.

Senhor K.

Nada é irremediável. Por que não?

Dora (*murmura*)

Estou sentindo outra vez. *Estou respirando com dificuldade. Já senti alguém atrás da porta. Apoiado com o corpo inteiro. Era uma sensação nova...*

(*retorno abrupto a uma voz normal*)

Mas o que não aconteceu?

Freud

Como a senhorita sabia que era um homem? Já que ele estava atrás da porta.

Dora (*murmura*)

Que pesava contra a porta com todo o peso. Eu senti o membro dele endurecer. Quem te disse?

(*Algum tempo.*)

Foi a senhora K. quem me disse.

Ela lia para mim livros que ninguém nunca leu enquanto eu penteava ela.

(*Um silêncio.*)

Dora (*faz a atuação numa cena lateral*)

Não teria servido de nada esperar por ele. Dava para esperar, se a vontade fosse essa. *Eu tinha visto ele num sonho.* Era um homem gentil e vistoso, que não tirava os olhos de mim. *Mas não era ele. Será que é ele, agora, atrás da porta? Nunca se sabe.* Entreabro. Tem um homem na penumbra. Não estou vendo a cara. Ele abaixa. Entendo as suas intenções. Empurro *a folha da porta.* Não duvido que ele tenha a intenção de forçá-la. E ele pesa contra a folha. *Sinto a sua ereção. Ele se debruça. Tarde demais. Ele vai forçar a porta.* A decisão dele já força e me impede de fechar. A porta é pesada e eu peso contra a porta. Eu me encolho num cantinho à esquerda atrás da folha. Sinto cheiro de fumaça. *Como tudo é simples e mortal! É Ele ou Eu!* Na escuridão sou obscura. A carne fictícia que preenche a porta me dá nojo. *Vai ser preciso matar. É uma lei.* É uma chave. Um deve matar o outro que mata o um que quer matar quem quer ser morto? *Eu quero matar ele. Ele sabe. Ele quer me matar. Eu sei.*

Pouco tempo atrás, queria que ele me matasse. Quem me mata? Quem me mata eu quero. Estou com vontade. Dá para ficar assim muito tempo sem se mexer, depois não tem como. *Me mata! Me mata! Me mata! Que longura. Esse homem* que está atrás da porta, *eu não estou vendo. É um homem grande. Ele ainda é jovem. Porque eu quero.* Ele tem uma cara conhecida: de mulherengo. *Tem o olhar um pouco falso.* Tem olhos um tanto opacos, que não combinam nadinha com a boca. *É preciso chegar ao pescoço.* Essa ação exige a maior concentração de energia. Se é para morrer assim, coloco todas as minhas forças nisso. *Eu abraço ele, pego nos braços, me debruço.* De perto, o rosto dele não é conhecido; não é aterrorizador, como se eu conhecesse bem. É que nós sabemos, e quando cruzamos os nossos saberes, tocamos em territórios secretos que não nos escapam, nem a ele nem a mim. *Não vejo a hora de meter a mão na massa. Não tenho certeza do sucesso, apesar do desdobramento e da duplicação da minha força. Enquanto abraço pela frente, meio que derrubo ele*, segurando a cabeça dele por trás; o meu braço envolve a testa, o crânio dele pesa no meu *peito; eu seguro ele firme e degolo.* A faca se mistura com a minha mão. *Como é difícil cortar a garganta dele.* Não dou uma facada forte porque estou segurando de perto; corto a garganta dele de fora a fora, mas não fundo. Um tempo depois, ainda sinto a resistência da garganta. *Como se estivesse fazendo de novo*, sinto a densidade dessa resistência. Usei a mão esquerda e fiz um risco como que um traço da esquerda à direita. Estava segurando a cabeça dele com o braço direito. *É preciso pressionar com força, como quando abrimos uma caixa de metal. A dor dele me põe doente. Eu estava com muita dor de garganta. É difícil para mim falar.*

- - - - -

Freud

O senhor K. decerto viajava com frequência?

Dora

Não sei. Eu não me interesso pelo que o senhor K. faz.

Freud

A senhorita gosta de escrever, sim?

Dora

Não.

Freud

Mas me enviou um cartão postal muito bonito. Gosta de receber postais?

Dora

Pouco me importa. O senhor K. passava parte do ano viajando. Que nem o papai. As viagens são úteis. Toda vez que o meu pai sente uma piora, vai para Berg.

Freud

Ele fica muito tempo em Berg?

Dora (*encadeando imediatamente um tom muito baixo, porém brusco, com explosões violentas nas palavras entre aspas*)

Eu vou escrever uma carta. Ela vai ser hesitante. Vai começar com as palavras: "O senhor me matou". E vou escrever: "Você me matou". Daí vou escrever outra carta, em papel fino como papel de seda, começando com as palavras: "Você quem quis…". Vou deixar o equívoco para que "ele próprio" complete. Porque eu não sei o que ele quis. Contudo, "sou eu" que estou morta. Meu corpo fugiu. Para a floresta. Lá é escuro. Estou sem voz.

Freud

Conta para mim da carta.

Dora (*quase inaudível*)

Que carta?

Senhor B.

Encontrei uma carta na escrivaninha. Estava dentro da escrivaninha dela. Ela dizia que não estava mais conseguindo suportar a vida. "Os senhores que quiseram", ela dizia, ela estava se despedindo de nós. Achei que ela não estivesse realmente decidida a cometer suicídio, mas fui pego de surpresa. Alguns dias depois, após uma discussão insignificante, ela teve pela primeira vez um desmaio. Isso me deixou muito assustado.

Dora

Como conseguiram encontrar essa carta? Porque estava trancada na minha escrivaninha.

Freud

A escrivaninha da senhorita estava fechada à chave?

Dora

Não sei. Alguém mais tem as chaves?

Freud

Quem tem as chaves?

Senhor B.

Na escrivaninha dela. Era um rascunho. Fiquei especialmente preocupado quando ela teve o desmaio.

Dora (*voz entrecortada, doída*)

Você não me ama!

Acha que não estou vendo vocês? Você está me abandonando!

Gosta mais dela que de mim! Eu não quero nada, está ouvindo? *Nada.*

Você me dá nojo!

Acha que pode me comprar? Acha que pode me vender?

(*Ela berra, o* ***Senhor B.*** *tenta calá-la.*)

Senhor B. (*voz acelerada*)

Dora, Dora, Dora, minha querida, minha pequena, minha criancinha ...

Vamos vem cá, vem.

Dora

Você nem imagina o quanto eu detesto essa mulher! Quando ela estiver morta, eu vou me casar com você.

Freud

Sobre o que era a conversa?

Senhor B.

Não me lembro mais. Eu tinha acabado de voltar de viagem. Ela parecia cansada. Eu tinha levado para ela, me lembro bem, uma pulseira de pérolas.

Dora

Antes eu amava joias, mas não uso mais. Quando eu ficava na casa dos K., ela gostava de me mostrar as joias dela. Emprestava algumas para mim. Dizia para mim que as pérolas caíam melhor ainda em mim do que nela.

Freud

Qual era a postura da senhorita em relação à senhora K. antes do incidente?

Dora

Não sei. Normal.

Tenho certeza de que as joias que o meu pai me deu foram escolhidas por ela. Eu reconheço o gosto. Meu pai me dava joias de presente, sobretudo pérolas. Como as que eu tinha visto na casa da senhora K.

(Uma pausa.)

Ela me dizia… quando eu penteava ela. Eu. De pé atrás dela. A brancura… do corpo dela…

(Balé, troca de lugares.)

Senhor K. (*voz no telefone*)

Estou disposto a ir até aí esclarecer esse mal-entendido. Dora não passa de uma criança para mim, vocês sabem o quanto respeito vocês e a filha de vocês. Ela viveu com a gente, não foi? E na maior intimidade com a minha mulher.

Senhora K.

A senhorita não tem o direito de criticar as ações do seu pai, minha queridinha; ele é um homem generoso. Está cansada de saber o quanto o seu pai lhe tem apego. Ele não consegue falar da senhorita sem minar os olhos.

Senhor B.

… todas as razões do mundo para ser grato à senhora K.

Senhor K.

… sempre a mais absoluta confiança nela.

Senhor B.

Um homem como o senhor K. não podia ser perigoso para ela.

Senhora K.

É um homem de apetites grosseiros; não sabe o que é uma mulher de verdade. Os homens são assim com frequência: só pensam nas próprias satisfações. Não é o caso do seu pobre papai… Ele estava tão infeliz naquela época que chegou a querer se suicidar. Me deu um pressentimento, fui sem pestanejar para a floresta, encontrei ele. Com as minhas súplicas, consegui convencer ele a voltar atrás nessa terrível decisão. Consegui conservar ele para os seus.

Dora

Sempre de branco. Com tules leitosos. Crepes. Eu via *ELA*.

A brancura do corpo dela, sobretudo as costas. Um brilho bem suave; perolado.

Senhor K.

Estou disposto a ir até vocês imediatamente para dissipar esse mal-entendido. Uma garota que lê esse tipo de livro não pode pleitear o respeito de um homem. Quando ficava em casa, minha mulher chegava a compartilhar o quarto com ela. Eu me retirava, contudo, de bom grado, porque nós pensávamos que Dora precisava de carinho. A minha mulher ficava surpresa com tamanha curiosidade numa garota.

Senhora K.

Sabe que pode me contar tudo e me pedir tudo. Não tenho nada a esconder da senhorita. A brutalidade de algumas práticas me distanciou definitivamente dos homens.

Dora (*em estado de adoração diante da* ***Senhora K.****, que, sentada em frente ao espelho, olha para* ***Dora*** *sem se virar, com um longo sorriso sereno no rosto, terrivelmente calmo e ininterpretável*)

A senhora é absolutamente tudo. E eu, nada, nada. Ninguém.

Ouve só! Amo a senhora como se a senhora fosse deus. Alguém.

Para quem não existo.

Por quem vivo. Por ninguém.

Senhor B.

Falavam com frequência em um divórcio entre o senhor e a senhora K. Não aconteceu, porque o senhor K., que era um pai carinhoso, não queria renunciar a nenhum dos dois filhos.

Senhor K.

A nenhum dos meus dois filhos.

- - - - -

Dora

Fui para Dresden. Meu primo queria me levar para visitar a galeria. Recusei. Fui correndo para a porta. Saí. Vaguei pela cidade estrangeira. Fui sozinha à galeria. Tem um quadro que eu não consigo ver sem... Me detive por um longo tempo. Em frente ao quadro. Era a *Madona Sistina*. Fiquei ali, sozinha, submersa. Nesse quadro. Por duas horas. Na sua luz. Um sorriso bem suave. Não dava para ver os dentes. Mas um clarão perolado, entre os lábios.

Freud

O que a segurou nesse quadro?

Dora

A... Sua...

(De repente, a evidência, aquela que talvez escape a todo mundo: o menino Jesus no colo da Madona não é ninguém além de uma pequena ***Dora****.)*

(Sequência filmada em 3 planos.

Madona Sistina, substituição da Madona, ***Sra. K.***

Espelhada, ***Dora*** *atrás da Madona.*

Não é possível saber quem — Maria ou a ***Sra. K?*** *— está falando.)*

Senhora K. (*infinitamente meiga*)

Você vai ter que viver, você também

Dora (*para* ***Freud***)

Eu compartilhava o quarto dela, era confidente e até conselheira dela. Ela me falava de todas as dificuldades da vida conjugal. Não tinha nada de que não pudéssemos falar...

Senhora K. (*ri baixinho*)

Sou de dar nome aos bois e não passo gato por lebre.

Tem mais de uma forma. Um corpo possui um bocado de recursos.

A senhorita vai ver.

Dora

Deixa eu beijar a senhora!

(A ***Senhora K.****, sorrindo, cada vez mais suave, cada vez mais distante, vaporosa, infinita, bem próxima, inacessível, diz "não" com a cabeça, com o corpo, resiste ao abraço de* ***Dora****. Calmamente.)*

Dora

Deixa eu abraçar a senhora! Uma vez só!

Dora (*para* ***Freud***)

Não sei. Justamente. Ela se exibia para mim. O sorriso dela. Como se ela sorrisse para si mesma…

- - - - -

Freud

Duas horas? O que foi que comoveu a senhorita?

Dora (*após um longo silêncio*)

Ela.

Dora (*para a* ***Senhora K.***)

Estou aqui plantada! Na frente da senhora. Estou esperando. Quem dera! Quem dera a senhora quisesse me dizer!

Senhora K.

Mas eu não tenho nada para dizer.

Dora

Tudo o que a senhora sabe. Tudo o que eu não sei. Deixa eu lhe oferecer esse amor.

O corpo dela, de uma brancura arrebatadora. Seios pequeninos, a pele da barriga lisinha.

Senhora K. (*cobrindo a boca de* ***Dora*** *com a mão*)

Oh! Impossível, impossível, minha criancinha boba.

Dora

Está doendo, ainda está doendo, ponha as mãos na minha cabeça, me pegue.

Senhora K.

Meu Deus. O que vou fazer com você?

Dora

Olhe para mim. Gostaria de entrar nos olhos da senhora. Gostaria que fechasse os olhos.

Dora

O jeito que ela tem de se olhar. De se amar. De não sofrer. De não me olhar. De me olhar, tão calmamente. Com aquele sorriso.

- - - - -

Dora

Devo tudo a ela. Tinha estima por ela.

Freud

Como a senhorita podia se sentir atraída pelo homem de quem a sua querida amiga tanto falava mal?

Dora (*responde ao lado da* **Senhora K.**)

É uma mulher inteligente, superior aos homens em volta dela, e de uma beleza adorável!... Como as costas da senhora são brancas! Como a pele! Como eu amo a senhora!

(*Sussurro e barulhinho bem leve de beijos.*)

Posso?... e aqui em acima também.

Não pode imaginar o quanto amo a senhora: se eu fosse um homem, casaria com a senhora, raptaria e casaria com a senhora, eu saberia como lhe agradar.

Senhora K.

Dora!

Dora (*para* ***Freud***)

Eles não foram feitos um para o outro.

Senhor B.

Estou aguardando explicações.

Senhor K.

Uma garota que se interessa por coisas desse tipo não pode pleitear o respeito de um homem. Ela leu Mantegazza. Sabe bem mais disso do que vocês imaginam. A minha mulher ficou tão surpresa que até deu uma palavrinha comigo.

Dora

Me diz mais uma vez, me diz tudo, tudinho.

(*com, contra a* ***Senhora K.***)

Todas essas coisas que as mulheres sabem; fazer geleia, fazer amor, fazer maquiagem, fazer bolo, adotar bebezinhos, assar carne, bridar aves. Via as minhas avós fazendo essas coisas todas quando era pequena. Mas eu, o que eu sei fazer? Era para saber. Quando ela me disse que, se tivesse que escolher entre voltar homem ou mulher numa outra encarnação, ela já havia ponderado, não hesitaria, são decerto as mulheres que governam, pensei cá comigo que eu não saberia; pensei bem, mas não sei. De que lado. Mas se eu fosse um homem, saberia. Mas eu seria um homem, exasperado. E depois? Seria um homem meigo demais, seria talvez brutal, seria inquieto, seria esquisito.

Senhora K.

Calma, calma! É todo um trabalho. Calma, minha querida, vai acontecer. Com um pouco de esperteza, também. Nosso sexo tem de aprender a lição. Puxa as cortinas.

(*Barulho de cortina, seguido pela voz murmurante de* ***Dora*** *se distanciando.*)

Dora

Parece uma caverna. Onde a senhora está? Parece uma caverna: sou eu! Eu em mim, na penumbra. Na senhora.

(*a voz de* ***Dora*** *distante*)

Ora o cheio ora o vazio, e é sempre escuro. Daria para entender tudo. Daria, em seguida, para transformar o mundo. Esse tempo abre e fecha que nem olhos hesitantes. Não conte para ninguém o que eu sei. Jure.

Senhora K.

Promessa feita.

Dora (*com aspereza, ofegante*)

A senhora me matou! A senhora me traiu. A senhora me enganou!

"Quem" está me abandonando?

Não te escrevi inúmeras cartas?

Não adorei cada passo teu?

Não abri as minhas portas?

Não decompus meu coração para você?

Não tem nada belo que eu tenha deixado de fazer por você. Eu te segui.

Acariciei, afaguei; coloquei minha mão direita a teu serviço. Eu falei contigo quando você estava me escutando, e quando não estava me escutando, eu te disse, eu me rendi, eu me esmaguei contra a tua lei, fiz a tua cama, desviei a sombra da tua cama, quem é você que está me abandonando?

E agora, para quem mandar essa carta?

Para quem me calar? Para quem me matar?

E a senhora? De quem tem ciúme, como, e por que, a senhora "tem" ciúme? Diga! Responda! Quer que eu diga para a senhora? Puxe as cortinas! Puxe as cortinas! Vou mostrar tudo o que a senhora quer. A senhora também é assim.

Freud

Não, se for isso, vá embora…

Dora

Isso é tudo?

(*Porta. Aberta. Fechada. Passos.*)

Voz do **Senhor K.**

Mas, afinal, o que ela queria?

Dora

Nada, agora. Nunca mais nada.

(Um plano filmado, imóvel, da Madona. À sua frente, ***Dora****, com voz triste.)*

Dora

Estou suplicando para a senhora, me conceda. Faça alguma coisa por mim. Me diga as palavras que dão vida. Me alimente. Estou morta, morta! Já não consigo nem querer. Faça com que me aconteça alguma coisa!

Senhor K.

Não tenha medo. A senhorita me conhece. Talvez pudesse confiar em mim?

Dora

Ontem o senhor me chamava de "você".

Senhor K.

Vem aqui, você não precisa ter medo.

Dora

Ele me disse: "Vem aqui. Vou te dizer o teu verdadeiro nome". Eu queria tanto que ele me dissesse.

Senhor K.

Então vem aqui, vem, segura na minha mão. O que te detém?

Dora

Ele estava me chamando. Eu mal conseguia me mexer. Como se o mundo fosse se abrir. Era preciso ele me puxar. Queria que ele me carregasse.

Senhor K.

Você me conhece. Não se feche. Confie em mim.

Você sabe que pode confiar em mim?

Dora

Eu gostaria. Não estou me entendendo. Eu estava tão pesada. Gostaria tanto de acreditar no senhor.

Senhor K.

Ontem você me chamava de "você". Você sabe que temos pouco tempo... Dora. Isso não quer dizer que nada é possível. Tenho uma palavra.

Dora

Não me diga nada. Acima de tudo, não me diga nada. Tem algo na voz do senhor...

Senhor K.

O que é preciso que eu faça? O que foi que eu não fiz?

Dora

O senhor fala demais. É nos seus silêncios que eu gostaria de tocar o senhor.

- - - - -

Freud

E a senhorita pensou: "Sei quem é o outro"?

Dora

Não sei.

Voz do **Senhor K.**

Como se ela temesse o melhor. Como se ela fizesse questão de ficar sozinha porque não queria ficar sozinha. Pelo contrário.

Dora (*para* ***Freud***)

Sonhei que ele me rejeitava e que eu estava vendo ele pela uma última vez. Ele me dizia: "Não te quero mal. Não retiro nada do que disse: sou fiel à minha palavra; eu mantive a minha palavra, certo?" E ele dizia: "Não te quero mal, você me conhece um pouco" — e é verdade — é — eu conheço ele melhor que ninguém — e: "Coloquei tudo às claras, e estou te dizendo a minha decisão tão abertamente como sempre". E as lágrimas me escorriam pelas bochechas, mas eu dizia sim, sim, é verdade, daí ele disse esta frase: "Estou pegando as minhas pérolas de volta!". Foi ele mesmo quem disse, e também: "Dei para você a chave do cofre, estou levando de volta". De que adiantava chorar? No meio das frases bizarras? E eu dizia: sim, sim — como se eu quisesse morrer. Mas que chave?

Senhor K.

Que chave?

Freud

Que cofre?

Dora

O senhor K. tinha me dado um presente algum tempo antes, um cofrinho de joias muito precioso. No meu aniversário.

Freud

Certo. E a chave?

Voz do **Senhor K.**

E se eu tivesse pedido para ela me esperar?

Dora

Na tarde seguinte ao passeio pelo lago, do qual o senhor K. e eu voltamos separadamente, eu me deitei na espreguiçadeira do quarto para dormir um pouco. Acordei de repente.

(*brusca explosão*)

O que o senhor está fazendo aqui?

Senhor K.

O quarto é meu, ninguém vai me impedir de entrar nele quando eu bem entender.

Além disso, tenho uma coisa para pegar!

Dora (*relato arfante, doído*)

Me levantei com pressa para fugir. Eu estava fugindo. Em seguida, *estava sonhando que fugia.* Vi uma praia na qual eu mesma estava fugindo. A areia era tão firme que me retalhava o pé. *Eu estava acompanhada por uma mulher maior e mais forte que eu e que era, traço por traço, o meu contrário. Chamava ela de querida senhora K. Ela me dava vergonha. Ela era o que eu poderia ter sido, traço por traço. Eu não tinha necessidade de explicar para ela. Ela era a indiferença soberana aos meus fracassos. Ao descer, senti que estava me distanciando de mim mesma. Eu também estava me abandonando.*

Voz de **Freud**

Como se ela estivesse fugindo dela mesma. Para não chegar. E para não morrer, também.

Dora

Foi então que vi ele de novo. Ali! Era Ele! Tão longe! A poucos metros de mim, no entanto. Mas longe demais. Muitíssimo longe. Eu bem sabia que um dia.

Voz de **Freud**

Procurá-lo por toda parte, desde sempre. Como se Ele existisse. Como se ele só estivesse esperando por ela. Só pela chegada dela, para desaparecer.

Dora

Não havia razão alguma para esperar. Tudo nos separa. Ele me disse: "Assim, nada muda". E eu não conseguia alcançar ele. Porque aqui onde estou, nada vive. Eu estava no passado.

Voz de **Freud**

Tudo o que acontecia com ela, só acontecia já passado. Ela vivia na memória. Nas garras do passado. Sem nenhuma esperança de um dia alcançar algo que fosse o presente.

Dora

Ela me encorajava a viver. Ignorando a imensidão da minha dor. Que nem sequer chega a mim. Eu não conseguia sequer gritar.

Freud

Totalmente perdida, entre o desejo e o amor.

- - - - -

Dora

Quando à tarde quis me trancar para descansar não tinha mais chave! Tenho certeza de que foi o senhor K. que a surrupiou.

Freud

Naturalmente não tem como ser indiferente ao fato de uma garota estar "aberta" ou "fechada". Sabe-se qual chave abre neste caso.

Dora

Eu tinha "certeza" de que o senhor iria dizer isso!

Freud

A senhorita nunca teve vontade de retribuir ao senhor K. com um presente? Não teria sido inadequado.

Dora

De jeito nenhum. Nunca nem pensei. Eu tinha desconfiança. Tinha medo de ele entrar no meu quarto enquanto eu estivesse me trocando.

Freud

No quarto "dele"?

Dora

A senhora K. saía sempre bem cedo para passear com ele. Mas ele não me importunou mais.

Freud

E isso foi algo que a senhorita chegou a lamentar?

Dora

De jeito nenhum. Havia prometido para mim mesma que não permaneceria na casa dos K. sem o papai. Porque o papai ficava no hotel e saía sempre bem cedo. Eu me vestia rápido e ia correndo até ele!

Senhor K.

Eu estou na minha casa.

Dora

Deve haver algum engano.

Senhor K.

Não há engano nenhum. Você está na minha casa.

Dora

Vou pegar as minhas pérolas e jogar fora.

(*Barulho de pérolas rolando.*)

Senhor K. (*exclamação de raiva*)

Vou pegar a minha chave de volta. Devolve as minhas chaves.

Dora (*infantil*)

Não.

(*de longe*)

Que caminhada. Que caminhada? Que caminhada! E se acontecer uma desgraça aqui, vai ser culpa do papai. O senhor K. me deu um cofre de joias. Então. Eu dou para o senhor K. a minha caixa de joias. Ou melhor, não.

Freud

Continuemos.

(***Dora** procurando.*)

Freud

Se é a bolsinha que está procurando, está no seu colo. A senhorita não parou de apalpá-la essa última hora inteira. É muito bonita, aliás.

Dora (*desconfiada*)

É a primeira vez que o senhor nota?

Freud

É a primeira vez que vejo a senhorita com esse objeto. Pelo menos aqui.

Dora

Levo a minha bolsa sempre comigo por toda parte.

(*angustiada*)

Ela emperra, veja só, apalpei porque não estava conseguindo abrir. Toma: veja como está duro. Não dá para abrir.

Freud

A senhorita não acha que as suas palavras podem ser aplicadas a um outro significado para essa bolsa?

Dora (*com desprezo*)

Sim, como o senhor quiser. É o que os homens pensam.

Freud

Quem cala com os lábios, tagarela com a ponta dos dedos.

As palavras equívocas são, na rota das associações, feito agulhas.

Dora

Pesponto, trespasse, cosedura, descosedura. É um trabalho de mulheres.

- - - - -

Dora

Tenho um sonho.

Freud

Diga.

Dora

Eu sei fazer…

Freud

O que a senhorita sabe fazer?

Dora

Fazer os sonhos galgarem, arfarem, cozinhar eles, enrolar eles, colocar eles na boca.

Eu me sento à mesa ao lado das minhas avós. Elas estão alegres comendo bolos. Tem um boato que anuncia a visita do cortejo da conjugalidade. Fico chocada; triste e com vergonha; percebo que não tem mais bolo o suficiente. Eu mesma comi um bocado, me empanturrei nervosamente, violento desconforto com a ideia de ter comido a parte dos demais. Entram o senhor K. e a senhora K., de mãos dadas, e depois o meu pai e a esposa dele, de mãos dadas. Não sei o que estão pensando. Eles estão todos lindos, e afáveis e amistosos. Como é a primeira vez que vejo todos juntos, não sei quem servir primeiro. Vou perguntar às minhas três avós como dividir os bolos de maneira justa. Elas se engasgam de rir, com a boca cheia; elas mandaram tudo para dentro.

O senhor K., virando para mim, me diz com a maior naturalidade: *"Será que você consegue, a qualquer momento, ao primeiro sinal, estar pronta para dispor de duas horas?"*. Transtornada com a simplicidade de uma outra época, perdida. O que papai está pensando disso?

Não consigo responder. *Para quê? Pronta para quê?* Protelo o momento da resposta, peço desculpas por não responder. Pergunto se querem jogar baralho, que eu não sei jogar, mas talvez damas... Eles são cinco para com contra mim.

E se um deles me matasse, ah, se um me matasse diante dos meus próprios olhos, que desforra. O meu corpo em pedaços em cima da mesa para substituir o bolos.

[*A sequência acima não foi mantida na estreia.*]

Dora

Está cheirando a fumaça.

Freud

Me fale sobre a fumaça.

Dora

O cheiro da fumaça, me veio, no último sonho. E nos outros também.

Freud

Sim? E?

Dora

Sempre tinha um cheiro de fumaça. Que nem uma vez. Acordei sobressaltada. E tive este sonho três vezes: o meu pai está de pé na frente da minha cama e me acorda. Eu estou dormindo, mas vejo ele. Deve ter um incêndio na casa. Eu me visto rápido. A mamãe quer salvar a caixa de joias dela, mas o papai diz: "Não quero que os meus dois filhos e eu sejamos carbonizados por causa da tua caixa de joias". Descemos correndo e, assim que estamos fora, eu acordo.

Freud

A senhorita teve esse sonho nas primeiras noites em Linz ou foi nas últimas, antes de ir embora?

Dora

Não sei. Acho que foi depois.

Freud

Ficou quanto tempo em Linz depois da cena?

Dora

Mais quatro dias.

Na tarde seguinte ao passeio pelo lago, eu me deitei, como de costume, na espreguiçadeira que fica no quarto dele para dormir um pouco. Acordei sobressaltada e vi o senhor K. de pé na minha frente...

Freud

Era o senhor K.? A senhorita tem certeza?

Dora

O que foi?

Senhor B.

Rápido, põe uma roupa, rápido, desce.

(*grita com violência*)

Não quero que os meus dois filhos sejam carbonizados por tua causa!

Dora

Assim que estamos fora, eu acordo. Eu me pergunto por que a mamãe estava nesse sonho, ela não estava com a gente em Linz.

Voz de **Freud**

Mas foi para ela, ou para uma outra, que o pai dela levou joias? E o senhor K. ofereceu para ela uma caixa de joias.

Dora (*para quem? papai? sr. K.?*)

Estou pronta. Teria dado ao senhor aquilo que a sua mulher recusa. A culpa vai ser dela.

Freud

O segredo está com a mamãe. Que papel ela está desempenhando ali, a mãe da senhorita? Ela foi sua rival em relação ao seu pai, antigamente.

Dora

Eu "sabia" que "o senhor" ia dizer isso!

Freud

Então a senhorita sabe quem está substituindo quem.

Dora (*fadigada*)

Saber. Saber. Mas *ninguém sabe* nada. O que quer dizer isso: Saber? Será que eu sei o que sei, será que sei? Tudo não quer dizer nada. Se existisse um deus...

- - - - -

Freud

Quem ficou de pé na frente da sua cama quando a senhorita era pequena?

Dora

Não sei. Meu pai...?

Freud

Não sei. Alguém ficou na frente e acordou a senhorita. Por quê?

Dora

Me diz o que o senhor sabe.

Freud

Eu não "sei" nada.

Dora

Qual a serventia disso? O que o senhor está querendo me fazer dizer?

Freud

... fazer escutar.

Dora

Esqueci. É, não estou conseguindo enxergar.

Freud

Onde há fumaça, há fogo.

Dora

E onde há fogo, há água?

Freud

Exatamente.

(*Ele sorri.*)

O fogo é o contrário da água: no sonho, onde tem fogo, tem água. A senhorita decerto "precisava sair" por causa do fogo. Mas também para não lhe acontecer uma pequena desgraça… Por outro lado, o fogo inflama, ele pode diretamente representar o amor. Do fogo sai um caminho então, que leva...

Dora

Bem vejo aonde está querendo chegar!

Freud

A senhorita nem faz ideia. Veja bem aonde estou querendo chegar. Lá aonde um outro já chegou, faz tempo, faz muito tempo.

Dora

O senhor não acha que está interpretando tudo isso de forma um pouco pessoal demais?

Freud

É possível. Porém, tudo o que estou fazendo é lhe informar o que dizem os sonhos.

Estou vendo que o contraste entre a água e o fogo lhe são uma mão na roda no sonho. O que a gente faz para impedir que as crianças molhem a cama? Acorda. O pai da senhorita a acorda no sonho. O senhor K. desperta a senhorita.

- - - - -

Dora

Me diga, doutor, porque foi que a doença foi dar, justamente, em mim?

Freud

Que doença? A senhorita não está...

Dora (*categórica*)

Isso vem do meu pai. Ele já estava doente antes de casar. É um veneno que passa. Ele ficou doente por causa daquela vida desavergonhada. Passou a doença dele para a mamãe. E eu também tenho essa doença.

Freud

Que doença?

Dora

Que nem a mamãe, quando tivemos que ir para Franzensbad para o tratamento dela. Ela tinha sangramentos e dores no baixo-ventre.

Freud

A senhorita acha que está com uma doença venérea? Desde quando?

(*Silêncio.*)

Desde quando?

(*Silêncio.*)

Acaso a senhorita sabe o porquê da tosse?

Dora

Meu pai também tosse.

Freud

A senhorita veja só, a "doença" vem do seu pai, mas se desloca de cima para baixo e de baixo para cima, conforme se trata da senhorita ou da sua mãe. Por meio do sintoma da tosse, a senhorita proclama a responsabilidade do seu pai no que está chamando de "a sua doença".

Dora

Mas eu tusso de verdade!

Freud

Sim.

Dora

Eu estava me vestindo rápido. Com medo de ele me surpreender enquanto eu me trocava.

(*sussurrando*)

Estou me vestindo depressa.

(*arfante*)

Assim que estou fora, eu acordo, enxarcada de suor. Um cheiro de fumaça me acorda.

Freud

A senhorita se veste rápido: para guardar o segredo.

Dora

Mas nunca disse nada parecido.

Freud

Quem cala com os lábios…

Dora

Sim, sim, eu sei. E quem tagarela com os dedos? Por que é então que o senhor gira a caneta na mão sete vezes antes de falar comigo? Por quê?

Freud

É preciso respeitar as regras!

Dora (*imitando* ***Freud***)

"É preciso respeitar as regras".

(*andando pelo cômodo de um lado para o outro*)

Onde estão as cigarrilhas do senhor?

(*Barulho de isqueiro.*)

Freud

Bom. Pronto. Até a próxima terça, não é?

Dora (*rachando de rir*)

Não é?

A voz da **peça**

O doutor Freud poderia ter tido esse sonho no final do mês de dezembro de 1899. Dora era então uma garota viçosa com dezoito ou dezenove anos de idade. Ela tem algo de contraditório e de estranho que dá o seu charme. Uma carne vicejante, mas uma boca dura, uma face de garota, os olhos glaciais fixos. Ela se parece com amores escondidos, vingativos, perigosos. O doutor Freud não consegue tirar os olhos dela. Dora, segurando-o pela mão com a firmeza e o agastamento de uma governanta, levou-o às margens do lago da montanha para os quais ela aponta com o dedo. Ela não o joga n'água; mas insiste para que ele vá colher para ela um buquê daquelas flores brancas, bem brilhantes, que crescem do outro lado do lago, e cujo perfume ele sente apesar da distância. Ainda que a sua hesitação seja natural, Freud está inquieto, pois sente que isso seja um teste ou talvez uma armadilha. Ele se pergunta por que não desceram do trem na estação anterior, que dava justamente do outro lado do lago. Mas não por muito tempo, pois Dora olha para ele de cima para baixo, lança um olhar de desprezo e lhe dá as costas com um movimento de pescoço que o consterna: desenvolto, soberbo e implacável. Em seguida, ela não pensa duas vezes, ergue o vestido com um gesto propositalmente sedutor que descobre um pouco os tornozelos e atravessa o lago pisando em centenas de ossos. Algo impede Freud de fazer o mesmo.

(*Daí, um cânone com as vozes do* ***Senhor K.****, da* ***Senhora K.****, do* ***Senhor B.*** *e de* ***Freud****.*)

Senhor B.

A garota insistia para que ele fosse colher um buquê daquelas flores brancas que crescem do outro lado do lago.

Senhor K.

Ela tinha horror às flores brancas que crescem do outro lado do lago: soltariam um perfume pungente demais.

Senhora K.

Ela concorda com ele de que era melhor não tocar.

Senhor B.

Com uma mão desajeitada e branca ela apalpava as pérolas enfeitando o pescoço. Sem pensar. Os olhos distantes.

Freud

Irritado, de repente Freud lhe dá um tapinha para ela parar.

Dora

Às vezes ela se perguntava se ela mesma não era o senhor K. No lugar dele, como a teria amado!

Freud

Ela dizia que teria amado dormir na relva do peito dele.

Dora

De quem? O senhor sabe que é tudo para mim. Para quem? Será que não sou nada para o senhor?

Freud

O pior era que ele se sentiu ridículo no momento em que começava, bem dentro dele, o maior dos sonhos.

- - - - -

Senhor B.

O meu medo era totalmente natural, então.

Freud

Naturalmente.

Senhor B.

Assim não dá! Pode ser que seja preciso sair à noite.

Freud

E se ela fosse acordada?

Dora

O papai se aproximava da minha cama. Ele me acordava com um beijo; me protegia. Como tudo era lindo quando ele não amava ninguém mais que eu e me acordava!

Freud

Prossiga.

Dora

E agora,...

O senhor K. fuma. Eu fumo. Inveteradamente. O papai também é um fumante inveterado.

Freud

Na medida em que eu também sou fumante.

- - - - -

Dora

É preciso ir embora. É preciso fugir. Não posso ficar mais.

Freud

Mas quem está no lugar de quem nessa história?

Dora

É. Todo mundo. Menos eu.

(*explosão repentina*)

Como adorava ele! Meu deus! Como ele me amava naquela época.

Freud

Sim, mas quem está no lugar de quem? Uma vez ele esteve de pé na frente da sua cama. Acordando a senhorita com um beijo. E se fosse o seu pai na frente da sua cama? No lugar do senhor K.

Dora

E agora, eu sou o que para ele?

Freud

E o senhor K.?

Dora (*olhando para a* ***Senhora K.***)

Não sinto absolutamente nada por esse homem.

O papai aproveita oportunidades deixadas pelo senhor K. e o senhor K. aproveita oportunidades deixadas pelo papai. Todo mundo se arranja.

Freud

E Dora?

Dora

Ele não queria se dar conta do comportamento do senhor K., isso teria atrapalhado as relações dele com ela.

Freud

E a senhorita?

Dora

Eu nunca ia à casa dela quando o papai estava.

Era natural. Eu me empolgava com o fato de ele ter encontrado uma mulher a quem pudesse se apegar. As ações do meu pai não me dizem respeito.

Freud

E as ações da Dora?

Dora

Não quero mal a ninguém. Como querer o mal dele? As minhas recriminações eram injustas. Ele me sacrificou por essa mulher. Tirou ela de mim. Mas como querer o mal dele?

Freud

De quem?

Dora

Quem traiu quem nessa história toda? Ninguém. Não tem recriminação?... O senhor me passe o meu casaco. Vou embora.

(*Ao se separar de* **Freud**, *ela repete todas as suas partidas, ela já tinha partido, não olha para ele: ela se vê mais uma vez se distanciando, sendo abandonada.*)

Dora

Mais uma vez, Sozinha. Todo mundo fica. O senhor me deixa ir embora. Eu tinha pendurado o meu casaco primeiro no cabideiro. E o senhor tinha pendurado os seus por cima do meu. Isso queria dizer: Você está sobrando aqui.

- - - - -

Dora (*voz lenta adormecida*)

Estou pegando esse casaco de volta. Lindo demais para mim. Era um casaco de pele que eu não conhecia, uma pele de um animal que não conheço, de uma fineza e de uma maciez extraordinárias, claro, com tonalidade alaranjada.

É meu? Vasculhei os bolsos para ter certeza. Ele me preveniu tantas vezes. Pode ser que eu tenha deixado alguma coisa nos bolsos: cartas?

Voz do **Senhor K.**

Que descuido! Eu tinha prevenido a senhorita mil vezes!

Dora

Agora já não tinha importância.

(*Barulho de papel sendo colocado no bolso.*)

Freud

O que a senhorita está roçando no bolso?

Dora

Nada. Até mais ver.

(***Dora** sai de modo barulhento.*)

Voz de **Freud**

Num silêncio fulgurante, ela torna a subir as ruas escaldantes de Linz, lenta, retesada por um luto mortal. Não diz nada. Sente-se minúscula. Poeira convulsionada. Ela conhece o horror do arrependimento muito mais potente que o desejo.

Dora

Quase morta de cansaço. Tudo o que poderia ter sido. Me esgota.

Voz do **Senhor K.**

Aonde a senhorita está indo?

Dora

Aonde eu também possa dormir.

Quanto a seguir em frente, estou disposta a renunciar.

Freud

Ela estava se sentindo usada. Escarnecida.

Dora

Eu poderia ter dito Sim. Uma única vez! A boca dele teria cheirado a fumaça. O senhor não entendeu nada! O senhor nunca entendeu nada, então?

Freud

Se ela tivesse podido falar...

Dora

Não é culpa minha. Quando a gente não pode mais falar, está morto. Se eu escrevesse uma carta sobre-humana para ele, com o meu sangue, se eu explicasse para ele quem eu poderia ter sido se eu tivesse podido se ele me olhasse se eu mostrasse para ele, as mãos nos bolsos, as cartas enroladas nas minhas mãos, se eu provasse para ele a minha força a minha vida o meu valor ali mesmo onde eu ardo se eu captasse o olhar dele o tempo de meter fogo n'água e sol na sombra, se eu injetasse nele esse arrependimento se eu excitasse ele. Então se eu derrubasse ele, se eu esmagasse ele...

(*Silêncio.*)

Freud

Resta saber por que a senhorita se sentiu tão ofendida pelas solicitações do senhor K.

Dora (*com uma voz que desaba sobre* ***Freud*** *de muito alto de muito longe*)

Até mais ver.

(*Corte, daí ela sussurra cantando.*)

Nunca se sabe quem mata, morrer pode matar. Quem quer matar quem quer morrer quem quer fazer morrer já nem sei quem, será que eu soube, eu sei que soube, eu sabia antes de querer, mas mal quis, o quê? O que me prende, se estou presa mas não estou não, é outrem. Mas estaria ele? E outrem se é outrem, seria ela ou ele ou? Dá para matar matando a si próprio.

Senhor K.

Eu estou pegando as chaves e disparo.

(*Tiro de pistola.*)

E estou pegando as minhas chaves de volta.

Dora

Como poderia te perdoar?

Senhor K.

Você me conhece. Eu teria dado tudo.

O que dei pego de volta.

Dora

Me devolve as chaves. As chaves pequeninas.

Senhor K.

Estou pegando de volta.

Dora

Não é a primeira vez.

Isso é tudo o que sai daí?

Freud

No limiar.

- - - - -

Dora

Estou no horário? Por que o senhor está me olhando dessa forma? Insistente?

Freud

Não estou olhando para a senhorita de forma insistente.

Dora

Por que não?

Freud

Ah, não. Nada disso. A senhorita bem sabe que eu sou uma instituição.

Dora

O senhor se importaria se eu tirasse o sapato?

(***Freud*** *suspira em silêncio.*)

Estou com o pé doendo. Será que o meu pé deixa o senhor sem jeito? Ele é desengonçado?

(***Dora*** *ri.*)

Bom, me diga alguma coisa e eu faço para agradar o senhor.

Freud

Ponha de volta o sapato e me conte um sonho.

Dora

Quem era?

Freud

Quem?

Dora

O senhor sabe muito bem. Essa mulher. Não é a primeira vez que ela sai daqui. Eu vejo tudo. O senhor também gosta de segredinhos.

Freud

Não. É uma antiga paciente; ela permaneceu em contato com a minha família depois de curada.

Dora

Em contato com a minha famíliamilha.

Freud

Vamos, não seja criança. Acredite em mim. E me conte o sonho da senhorita.

Dora

Não seja criança.

Senhora K.

Vem cá. Me dá notícias tuas.

Dora

Não tenho nada para contar. Nunca tem novidades.

Senhora K.

Me fala um pouco de você.

Dora

Será que a senhora não poderia me amar pelo menos um pouco? Só um pouquinhozinho.

Senhora K.

Claro que sim, posso te amar um pouco. Mas o que isso quer dizer? Amar?

Dora

A senhora não me ama nem um pouco, então? Não gosta nadinha de mim?

Senhora K.

Onde já se viu! Você *é* amável. Alguém vai te amar. Eu gosto muito de tudo o que você é.

Dora

Não tem nada que eu possa lhe dar? Por que a senhora não precisaria de mim?

Senhora K.

Eu não preciso de nada, de ninguém. Isso não significa que você não seja nada.

Dora

A senhora vai me ver de novo?

Senhora K

Por que não?

Dora

Um dia, quero estar deitada com a senhora. Não sentada… Deitada ao lado da senhora. Fecho os olhos e vejo. Teria sangue por toda parte. Eu teria sangue na cara.

Senhora K.

Que carnificina! Já eu te vejo de pé, bem viva, se preparando para uma viagem…

Dora

Já eu vejo a senhora morta. Adoraria ver a senhora morta. E que ninguém pudesse tocá-la. Vê-la.

Senhora K.

A gente pensa isso quando tem dez anos.

Dora

Quando ama demais.

Senhora K.

O desejável mais temível.

(*Silêncio.*)

- - - - -

Dora

Tive um sonho.

Freud

Conte para mim o seu sonho.

Dora

Sonhei com o senhor… (*para de falar subitamente*)

[*A sequência a seguir não foi encenada.*]

Freud

Conte-me o seu sonho.

Dora

O que o senhor vai me dar?

Freud (*sorrindo*)

Nada de caixa de joias. Mas toda a minha atenção.

Dora

É curioso. Eu me vejo subindo *a escada que leva ao apartamento do senhor. Toco a campainha. A sua antiga paciente vem abrir a porta para mim e me diz: "A senhorita pode entrar, ele já está morto"*. Olho para o rosto dela. Ainda que seja pelo menos uns dez anos mais velha que eu, tem a pele boa, traços vicejantes, naturais. Só depois percebo que ela é anormalmente alta. *Depois daquela resposta não me sinto nem um pouco triste. Percebo que tem um monte de mulheres esperando num salão, para ser empregadas domésticas.*

Naquele instante, ouço uma melodia dançante. A moça dá um passo à frente e me propõe uma dança. Ela passa o braço ao redor da minha cintura. Um pouco surpresa, porque estava esperando mais por um cavalheiro, aceito. Quem sou eu? *Não sei dançar*; mas me deixo levar. Estou sem jeito. Proponho a ela, ou ela me propõe, uma terceira pessoa, e eu não sei se é um homem ou uma mulher.

(**Dora** *murmura.*)

Eu me pergunto quem sou para ela. Continuamos dançando até o chão; danço mal.

Daí me dou conta de que estou tão constrangida porque a minha calcinha desceu até os joelhos.

(Suspirando, **Dora** *apoia a cabeça no ombro da parceira.)*

Volto a subi-la diante dos olhos dos meus parceiros erguendo o meu vestido. Entendo que os três fomos todos pacientes seus e me pergunto se o senhor teria uma preferência. *O que pensa a respeito?*

Freud

E a senhorita?

Dora

Eu não me sentia nem um pouco triste. Estava experimentando uma ternura indizível pela minha companheira, mas o meu desconforto me impedia de experienciá-la. Só ao acordar que me senti invadida por tristeza, como se eu a tivesse realmente amado e perdido.

Freud

Nunca lhe ocorreu a ideia de que o desejo que a senhorita tem de ser salva de um perigo pelo seu pai se deparava com um obstáculo: o pensamento de que foi o pai da senhorita que a havia exposto a esse perigo.

Dora

E essa agora? Foi tudo o que o senhor encontrou?

Freud

Esse pensamento não lhe agrada.

Dora (*exasperada*)

Qual a relação? Meu deus! Qual a relação?

Durante a dança, estava me sentindo muito sem jeito, mas bem leve, como que transbordando em ternura. Em um dado momento, é bizarro, ela me diz ser obrigada a carregar essa bolsa muito pesada, todos os dias. Proponho substituí-la, para aliviá-la por um momento. Mas em vez de carregar no braço, como ela, ponho a tiracolo, e digo a ela que meu braço é muito fraco e molenga, mas que o meu ombro é forte. De fato, essa bolsa estava tão extraordinariamente pesada que cambaleei, de imediato; e tive que me apoiar, agachada, em uma beirada do espaço, do caminho, para não ser arrastada pelo meu próprio fardo. Impossível dar um passo a mais.

Freud

E o morto?

Dora

Eu sabia que o senhor estava morto. Isso estava entendido entre nós. Aliás, eu não estava vindo ver o senhor, pois isso estava entendido entre nós justamente. Eu estava vindo, então, receber ou dar a notícia.

Freud

A senhorita sabe por que queria me matar?

Dora

Não, e o senhor?

Freud

E com a moça, a senhorita não se sentia ameaçada?

Dora

Não, não exatamente. Eu me sentia sem jeito, isso sim. Como se estivesse atrasada, mentalmente. Estava, em um certo sentido, lisonjeada que ela confiasse em mim, mas me dava conta de que estava decepcionando; eu dançava mal, me atrapalhava com a calcinha. Não estava mais pensando que o senhor estava morto. Era como se estivesse sempre estado. Ou como se fosse normal o senhor estar sempre morto.

Freud

Mentira não é. Mas talvez eu não esteja. Para a senhorita.

Dora

Talvez. É. Isso não importa.

Freud

Tornaremos a falar a respeito. Até terça?

Dora

Talvez.

Freud

A senhorita me dirá… Vou acompanhá-la.

Dora

Não.

- - - - -

Dora (*voz que escande em estilhas cortantes*)

Es-se-tra-ta-men-to-du-ra-mui-to-tem-po. Quanto tempo ainda?

Freud

Eu já havia dito: um ano. Ainda temos seis meses.

Dora

Um ano, por quê? Por que não dois anos? ou dois dias?

Freud

A senhorita ainda precisa de uma ajuda por alguns meses.

Dora

Não preciso de uma governanta.

[*Sequência a seguir não encenada.*]

Freud

A senhorita tinha uma governanta?

Dora

Ah, sim! Era uma moça não muito jovem, instruída, e com um espírito muito livre.

Freud

Era bonita? Sedutora?

Dora

Não. Era molenga.

Senhor B.

Essa mulher não para de incitar minha filha contra a senhora K.

Dora

Eu me dava bastante bem com ela.

Ela não gostava da senhora K. Ela explicava para a minha mãe que era incompatível com a dignidade dela tolerar uma intimidade como essa do marido com uma estranha.

Freud

Ela tinha alguma influência sobre a senhorita?

Dora

Estava apaixonada pelo papai. Mas eu não lhe queria mal. Meu pai, aliás, nunca prestou atenção nela.

Senhor B.

Ela se desentendeu com ela do nada e exigiu sua demissão.

Freud

E que fim levou?

Dora

Foi dispensada. E duas horas depois, foi embora, sem dizer uma palavra.

- - - - -

Dora

Se eu não estivesse ali para cair, como eles andariam?

Senhor B.

Você é mais forte que todos nós juntos.

A voz da **peça**

Todos pegam suas espingardas. Cobrem Dora com milhares de pérolas para provar que ela é mais forte que todos juntos. Eles dão prova, em um nevoeiro de fumaça.

Quando a fumaça se dissipa, avista-se o fantasma mais forte que todos de Dora juntando no avental levantado pelos lados milhares dessas perolazinhas e depois soltando os lados do avental em cima de uma pasta diplomática aberta. É para o caso de ficarem sem munição.

(*Algum tempo.*)

[*Sequência abaixo não encenada.*]

Dora

Tem também uma governanta que fez isso na casa dos K.

Freud

Olha! A senhorita nunca me falou disso.

Dora

Ela se comportava de uma forma muito estranha em relação ao senhor K. Não cumprimentava, não respondia, não passava nada à mesa; resumindo, tratava ele como se não existisse. Ele, aliás, não era lá muito mais educado com ela. Um ou dois dias antes da cena do lago, ela me contou que o senhor K. tinha suplicado que ela não recusasse nada a ele, ele disse para ela que a mulher dele não significava nada para ele etc.…

Freud

Mas essas são as palavras…

Dora

Sim. Ela cedeu. Em seguida, ele não ligou mais para ela; depois, ela ficou com ódio dele.

Freud

E que fim levou essa jovem?

Dora

Só sei que foi embora.

Freud

Se ele tivesse passado por cima, se tivesse continuado a cortejá-la com uma paixão capaz de convencê-la, será que o amor teria vencido todas as dificuldades?

Aliás, esse plano não teria sido tão impossível de executar. A senhora K. aceitaria o divórcio e, quanto ao seu pai, a senhorita consegue dele tudo o que quer.

Dora

O que eu quisesse? E o senhor, o que o senhor quer?

- - - - -

Dora

O senhor K. tinha falado comigo de um jeito sério eu acho.

Freud

Sim.

Dora

Mas eu não deixei ele terminar.

Freud

Que termos ele havia empregado exatamente?

Dora

Não lembro mais. Ele me disse: a senhorita sabe que a minha mulher não significa nada para mim. Cortei a fala dele imediatamente.

Senhor K.

A senhorita sabe que a minha mulher não significa nada para mim.

Dora (*para o* ***Senhor K.*** *e para* ***Freud***)

Para não me encontrar mais com ele, resolvi contornar o lago até Linz a pé e perguntei para um transeunte quanto tempo levaria. Ele me disse: duas horas e meia. Lembro de um outro detalhe: no meu sonho eu via o "interior" da floresta, como se o meu olhar penetrasse ela. De longe, podia ver flores... Bancos de flores. Brancas. Uma mulher ainda jovem surgiu.

Senhora K.

A senhorita está procurando o quê?

Dora

Vi de longe um canteirão de flores brancas. São proibidas, não?

Senhora K.

São plantas naturais e abundantes.

Dora

Quanto tempo leva?

Senhora K.

Estão bastante longe. O canteiro deve estar a dois quilômetros campo adentro.

Dora

É longe demais. Desisto.

Voltei para o barco ainda assim. O senhor K. estava a bordo.

Senhor K.

Por favor, senhorita, queira me desculpar, e não contar para ninguém sobre o que aconteceu.

Dora

E se eu dissesse para a sua mulher?

O senhor me oferece um cigarro. E eu aceito adiar minha partida em 24 horas, pois o senhor me garante que vai me ajudar amanhã. Por fadiga, aceito passar a noite com o senhor. O senhor está fumando dois cigarros. Está com um na boca e outro na mão. Fala sem parar.

Isso não tem como durar mais muito tempo. Aliás, o cigarro está queimando.

Freud (*voz insinuante*)

Outra vez mandando tudo para dentro!

Dora

Vamos fazer isso logo e que se dane.

Freud (*voz insinuante*)

E se saíssemos de viagem?

Dora

Não tenho coragem de começar tudo de novo. Aceitei esse cigarro por fadiga. Mas, para mim, desejar é impossível. Não posso mais nem fumar nem viajar. Adeus, adeus! Onde fica a estação de trem?

Freud

Será que era lírio do vale crescendo em grandes placas brancas ao lado da floresta, a um ou dois quilômetros da mão da senhorita?

Dora

E se as flores brancas fossem azuis, será que eu teria desistido?

(*imitando a voz da mãe*)

Me dizem: Eca! Dora, o que você está fazendo? É veneno. Isso deixa burro.

Dora (*grita*)

Onde! fica! a! estação!

A voz da **peça**

O que o lírio do vale diz no sonho
O senhor K. disse para ela com uma caixa de joias.
O que se diz com flores
O papai disse a ela com pérolas
O que Dora não disse
O Doutor disse a ela com a fumaça.

Dora

Até que enfim estou chegando na estação.

Senhor K.

Não tem nenhum trem. Os trilhos foram cortados.
A senhorita se incomodaria de me ver?

Dora

Francamente... Sim.

Senhor K.

É a última vez que a vejo?

Dora (*silêncio sorrateiro — como que um olhar*)

Senhor K.

Que silêncio! Justo a senhorita que costumava falar tanto.

Freud (*voz normal*)

A senhorita sabia que não teria nenhum trem? Nada de flores na floresta; nada de trem na estação. Não é um acaso. Tem algo que a senhorita não está querendo tocar ou apanhar.

Dora

Chego na estação. Estou sozinha. O senhor tinha insistido que eu viesse.

Freud

Essa viagem para Viena duraria seis meses, talvez. Ou melhor, nove.

Senhor K.

Dora, minha queridinha. Sabe como sou apegado à senhorita.

Dora

Você me tratou feito uma doméstica. Estou te abandonando. Ninguém vai me acompanhar. Estou só numa cidade estrangeira. Estou olhando para um quadro da Madona. Ninguém me toca. Nunca irei me casar.

Senhora K.

Você é virgem, meu doce!

Freud

E a senhorita passava horas contemplando esse retrato?

Dora

Ela era de uma brancura reconfortante.

Freud

É o que a senhorita pensava da senhora K.

Dora

Não, essa sou eu!

(*Melodia dançante.*)

Senhora K.

Por que você não dança?

Dora

Ela estava na maturidade. Mas a idade nem triscava. Ela passava a maior parte da vida na cama, aliás.

Senhora K.

Não tem vontade de ter filhos? Você tem um jeito tão materno com os meus! Por que não dança? Pronto, assim que eu gosto. Tem que ser alegre, tem que mexer, viver sem parar. Você tem sempre um ar tão grave.

Dora

É verdade. Não. Sim.

Senhora K.

Você tem um ar tão grave! Você é séria demais, meu doce!

Dora

Ela me dava sermão de maneira alegre. É verdade que eu tinha um ar grave e era reservada. Ela me disse: você está sempre tão séria. É estranho, não é? Eu fazia para ela perguntas sobre a gravidez e o parto. E ela gostava de satisfazer minha curiosidade. De me falar sobre virgindade, sobre parto, coisas desse gênero.

Senhora K.

Você é sempre tão sério, meu doce: sério demais. Cuidado. É preciso saber onde pisa. Você sabe onde está pisando? Você não pode se tornar uma madona. Você é lindo demais, meu doce.

Dora

Lindo demais! Que estranho.

Senhora K.

Para dar um passo em falso é um instante. Escuta.

(*Cochicho.*)

Você não sabe viver.

É bem fofo, no entanto. Eu poderia ser tua mãe. Escuta...

Dora

E se eu me atirasse em cima dela? Passasse por cima? Desse uma surra? Ela não me ama. Se ela se visse. Minha cabeça é dura demais para ela conseguir bagunçar. Eu poderia me vingar.

Freud

Como explicar ter poupado sempre tão generosamente a senhora K. que, no entanto, caluniou a senhorita, enquanto a senhorita persegue os demais com uma vingança quase ardilosa…?

Dora

Ela tinha gestos suaves e lentos que eu gostava bastante. Um dia, faz muito tempo, torci o pé direito escorregando na escada. Meu pé inchou. Ela teve que me enfaixar o pé. Tive que ficar deitada por algumas semanas. Ela me fazia companhia e falava comigo como se eu fosse amiga dela. Me fazia confidências. Ela me dizia que o marido dela não queria divorciar por causa das crianças.

Freud

A senhorita não pensou que um divórcio teria sido desejável para todo mundo?

Dora

Tive um sonho engraçado. Estava correndo. Meu pé direito doía muito. Tive que sentar. O meu tornozelo tinha inchado. Eu não conseguia mais mexer. Queria falar com o doutor K. Sabia, ao mesmo tempo, que ele não era doutor de verdade. Queria pedir o conselho dele. Tento contato por telefone. Acabo conseguindo. Mas não é ele, é a mulher dele. Sinto a presença dela do outro lado, obscura, branca, insinuante.

Senhora K. (*no telefone*)

Quem fala?

Dora

Me disse ela.

Quem fala é a senhora K… disse eu.

Senhora K. (*no telefone*)

E mais essa agora!

Dora

Situação engraçada!

Senhora K. (*no telefone*)

Que audácia!

Dora (*a meia voz, sem nenhum constrangimento*)

Pois é. Passe o telefone para ele.

Senhora K. (*no telefone*)

Está bem.

Dora

Ela passa o telefone para ele. Ele me diz que não pode fazer grande coisa: que tenho que esperar até ano que vem. Rio. Ele me diz: "A senhorita sabe que...". Mas não deixo ele terminar. Eu corto.

Freud

De fato, a senhorita não deixa ele chegar ao fim. Seu tornozelo incha. A senhorita tem um parto. Nove meses depois da cena do lago. Assim, a senhorita dá um jeito de ter, apesar de tudo, um "filho" do senhor K. Algo se passou durante a cena do lago.

Dora

Não se passou nada!

Freud

Justamente. Foi ali que a senhorita deu esse passo em falso que ainda hoje tem consequências. A senhorita se arrependeu. Ainda se arrepende do desfecho dessa cena. Não é a madona que a senhorita queria ser. O amor da senhorita pelo senhor K. não acabou ali.

(*Silêncio de* ***Dora****.*)

Freud

Por que a senhorita o impediu de continuar?

Dora

Isso é tudo?

Freud

Não estou descontente com os resultados.

Dora

O senhor está parindo um rato.[2]

- - - - -

Dora

O senhor sabia doutor que esta é a última vez que venho aqui?

Freud

Estou sabendo pela senhorita!

---

2 Oriundo da literatura latina, o provérbio "A montanha pariu um rato" se aplica a coisas que, apesar de anunciadas como grandes promessas, apresentam um resultado pífio [N.E.].

Dora

É, eu tinha dito para mim que aguardaria mais, mas não quero esperar mais tempo pela "cura".

Freud

A senhorita sabe que sempre esteve livre para interromper o tratamento. Quando tomou essa decisão?

Dora

Há quinze dias eu acho.

Freud

Quinze dias? É o aviso que uma governanta dá quando vai sair.

Dora

O senhor está sozinho? Onde está a sua mulher?

(*Estes últimos momentos devem ser de extrema violência.*)

Voz de **Freud**

Quis ou não quis curá-la, no momento conveniente, ou só quis naquele dia, 1° de janeiro de 1900, ele não saberá nunca e eu tampouco e tampouco ela.

Dora

Se ao menos eu soubesse simplesmente onde estou agora, em que país. Eu poderia começar a acreditar.

Freud

A senhorita não me deu a possibilidade de me expressar até o final!

A sua tendência a prejudicar a si mesma ganhou com isso. Nunca senti tamanha violência.

Dora

Hoje é a última vez que venho aqui.

Freud (*não dissimula um desespero*)

Está se vingando de mim como queria ter se vingado do senhor K. E está me abandonando como ele abandonou a senhorita.

Dora

O senhor não entende nada. Isso não vai impedir o senhor de existir! Aí está a minha vingança: vou "sozinha". Vou sarar "sozinha". E decidi abandonar o senhor em um dia marcado por mim. Será dia 1° de janeiro de 1900.

Freud

Escute aqui… A decisão da senhorita… Nós tínhamos decidido…

Dora

Não.

Freud

A senhorita sabe…

Confesso…

Estou estarrecido. Mas já esperava por isso. Nunca tinha realmente imaginado. Poderia jurar. Como entendo a senhorita! Demais!

Senhor K.

Eu a achava linda. Ela parecia maior, também.

Dora

Este desejo ainda este desejo. Sim.

Freud

É um crime o que a senhorita está cometendo aqui. Contra um outro que eu re… (*o sorriso calmo de* ***Dora*** *o corta*)

Por que não disse antes?

(*Ela o escuta num silêncio ensurdecedor.*)

Dora

Eu deveria ter escolhido um outro dia, é?… O senhor poderia ter segurado a sua mulher aqui?

Freud (*com aspereza*)

A senhorita está tentando machucar outra pessoa através de mim.

Dora

Caro doutor, o senhor é uma instituição. Respeite portanto a vontade e o ponto de vista do paciente que lhe quer bem.

Senhor B.

Eu lhe garanto doutor que a minha filha vai voltar.

Freud

Ela não vai voltar.

Dora

Faça como se eu nunca tivesse vindo. Como se eu estivesse morta.

O senhor nega ter me beijado?

Senhor K.

Não.

Dora (*para a* ***Senhora K.***)

Sei que você tem uma relação com papai.

Freud

Talvez a senhorita saiba demais? Ou, de uma certa maneira, não o suficiente?

Dora

E se fosse verdade? Se eu soubesse demais? Sempre demais? Um pouco mais que vocês todos?

Freud

Não. Não o suficiente, isso sim.

Dora

Ou talvez o senhor se ame um pouco demais?

Freud

Reflita. Não faça mal a si mesma.

Dora

Poderia me fazer rir. Mas não tenho vontade de fazer mal para o senhor. Porque o senhor, doutor, eu jamais teria amado.

Freud

Eu poderia ter conseguido. O que me impede é a data, dia 1° de janeiro, é ainda essa única gota de tempo que resiste, que segura o meu fôlego dentro do peito. Eu precisaria de uma outra vida. Eu poderia…

Dora

O senhor poderia… me empurrar, me jogar escada abaixo? Me propor uma última sessão. Bem refletida? Com o semblante aliviado com a minha partida, enquanto me mostra que está dissimulando a satisfação?

Me dizer que está contente com a minha decisão. Que já esperava por isso? Contava com ela? Já havia previsto. Que assim estou respondendo ao mais caro desejo do senhor?

O senhor poderia — o senhor não poderia — me moer de pancadas. Eu não me debateria. Se o senhor pudesse me estapear. Teríamos com isso tanto um quanto outro um certo prazer.

Freud

Ensinei à senhorita o que aprendi com a senhorita.

(*com esforço*)

Eu gostaria de verdade de ter feito algo pela senhorita.

Dora

Ninguém pode nada.

Freud

Me dê notícias minhas (*ele comete um lapso de uma maneira que não dá para notar*). Me escreva.

Dora

Escrever?… Não é a minha.

A voz da **peça**

Mês de maio de 1900. Dora está vivendo em Viena, num cruzamento onde a circulação é bastante intensa, um carro atropela o senhor K. Ela o vê caindo. Foi o dia mais horrível da sua vida. Foi o dia mais feliz da sua vida. Ela atravessou a rua sem molhar os pés erguendo o seu elegante vestido com a ponta dos dedos com um gesto que descobria um pouquinho os tornozelos. Era só um acidente sem gravidade. O interior do senhor K. estava no inferno, mas o exterior ainda era vistoso. Ele tinha visto Dora passar. Não tem dor maior que lembrar do amor.

E disso Freud sabia.

GRÁFICA PAYM
Tel. [11] 4392-3344
paym@graficapaym.com.br